AF474594

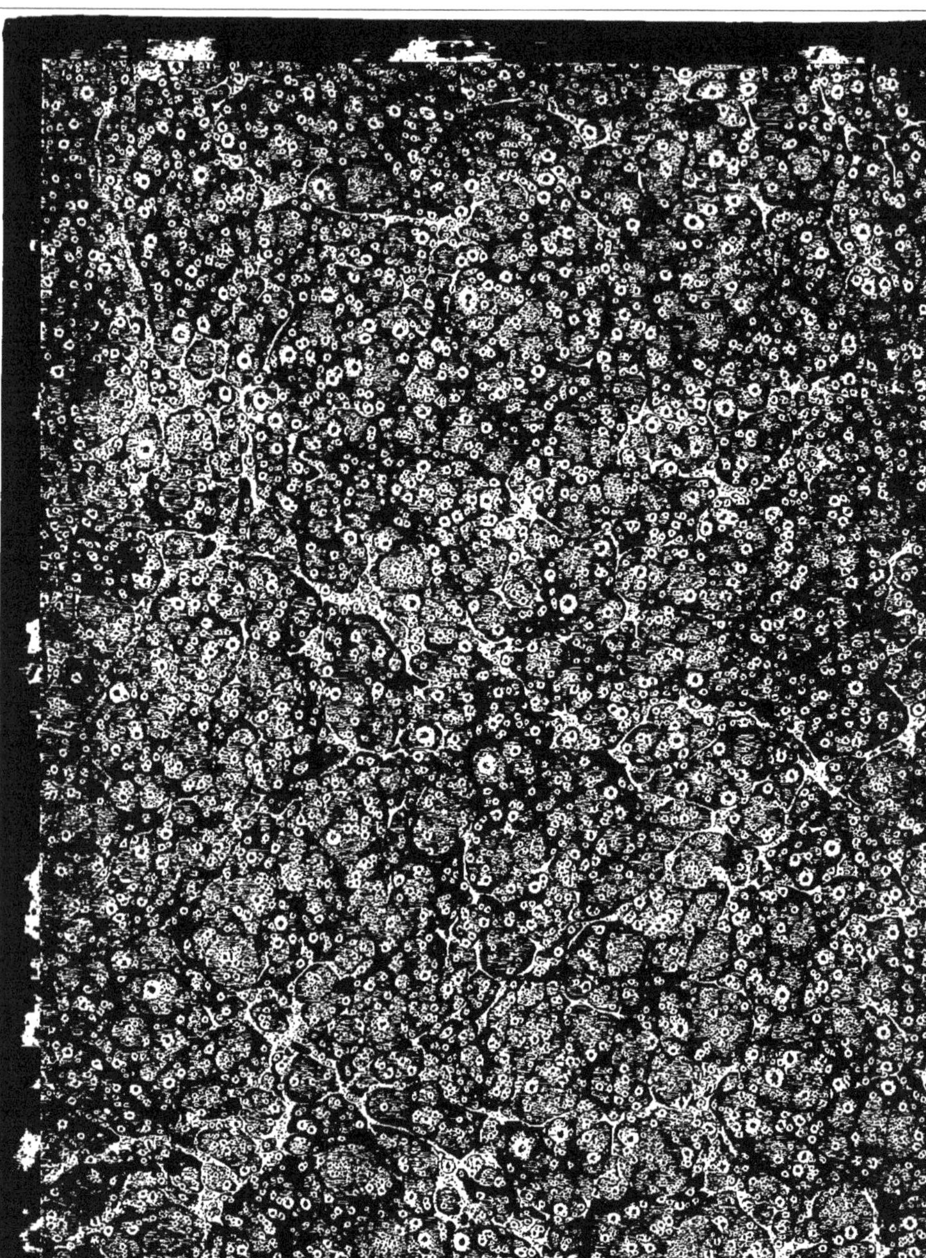

GUIDE
DES TRIBUNAUX
DE
SIMPLE POLICE.

GUIDE

DES

TRIBUNAUX

DE SIMPLE POLICE,

LIVRE

UTILE A MM. LES JUGES DE PAIX, MAIRES, COMMISSAIRES DE POLICE, GREFFIERS, HUISSIERS, AVOCATS, APPARITEURS ET AGENTS DE POLICE,

PAR J.-P. SORBET,

Commissaire de police en Chef.

CETTE

CHEZ G. BONNET, IMPRIMEUR-LIBRAIRE.

1850.

PRÉFACE.

L'embarras où nous nous sommes trouvé dans diverses circonstances relativement aux procédures que nous avous eu à soutenir comme officier du ministère public près le tribunal de simple police, nous a fait remarquer qu'il manquait un Livre présentant l'ensemble de la jurisprudence suivie par la Cour de cassation et le conseil d'État sur les dissertations auxquelles ont donné lieu les lois de police.

Comprenant l'importance et l'utilité que pourrait offrir un travail qui arriverait à ce but, nous nous sommes livré à de longues recherches et avons successivement recueilli dans différents ouvrages des législateurs et jurisconsultes les plus célèbres, tout ce que nous avons cru nécessaire pour éclairer, non-seulement MM. les juges de police, mais aussi les officiers de l'ordre administratif et judiciaire sur toutes les questions de droit et de fait qui se sont présentées jusqu'à ce jour, et nous indiquons par de nombreux arrêts que nous citons, quelle a été leur solution.

Nous avons classé le tout par demandes et réponses dans ce volume facile à compulser, en y joignant quelques modèles d'actes utiles aux officiers de police judiciaire, et nous le livrons à la publicité dans la seule vue de rendre quelques services.

GUIDE
DES TRIBUNAUX
DE
SIMPLE POLICE.

Les tribunaux de simple police sont de deux espèces, ceux des juges-de-paix et ceux des maires, mais tous les deux se composent d'un juge, d'un officier de police, remplissant les fonctions du ministère public, et d'un greffier.

Des Tribunaux des Juges-de-paix.

(Extrait du code d'Instruction criminelle.)

139. Les juges de paix connaîtront exclusivement : 1° des contraventions commises dans l'étendue de la commune chef-lieu de canton; 2° des contraventions dans les autres communes de leur arrondissement, lorsque les contraventions auront été commises par des personnes non domiciliées ou non présentes dans la commune, ou lorsque les témoins qui doivent déposer n'y sont pas résidents ou présents; 3° des contraventions à raison desquelles la partie qui réclame conclut, pour ses dommages-intérêts, à une somme indéterminée ou à une

somme excédant quinze francs; 4° des contraventions forestières poursuivies à la requête des particuliers; 5° des injures verbales; 6° des affiches, annonces, ventes, distributions ou débit d'ouvrages, écrits ou gravures contraires aux mœurs; 7° de l'action contre les gens qui font le métier de deviner, pronostiquer, ou d'expliquer des songes.

140. Les juges-de-paix connaîtront aussi, mais concurremment avec les maires, de toutes autres contraventions commises dans leur arrondissement.

141. Dans les communes dans lesquelles il n'y a qu'un juge-de-paix, il connaîtra seul des affaires attribuées à son tribunal; les greffiers et les huissiers de la justice de paix feront le service pour les affaires de police.

142. Dans les communes divisées en deux justices de paix ou plus, le service au tribunal de police sera fait successivement par chaque juge-de-paix, en commençant par le plus ancien; il y aura, dans ce cas, un greffier particulier pour le tribunal de police.

143. Il pourra aussi, dans le cas de l'article précédent, y avoir deux sections pour la police; chaque section sera tenue par un juge-de-paix; et le greffier aura un commis assermenté pour le suppléer.

144. Les fonctions du ministère public, pour les faits de police, seront remplies par le commissaire de police du lieu où siègera le tribunal; en cas d'empêchement du commissaire de police, ou s'il n'y en a point, elles seront remplies par le maire, qui

pourra se faire remplacer par son adjoint. — S'il y a plusieurs commissaires de police, le procureur général près la cour d'appel nommera celui ou ceux d'entr'eux qui feront le service.

145. Les citations pour contravention de police, seront faites à la requête du ministère public ou de la partie qui réclame. — Elles seront notifiées par un huissier; il en sera laissé copie au prévenu ou à la personne civilement responsable.

146. La citation ne pourra être donnée à un délai moindre que vingt-quatre heures, outre un jour pour trois myriamètres, à peine de nullité, tant de la citation que du jugement qui serait rendu par défaut. Néanmoins cette nullité ne pourra être proposée qu'à la première audience, avant toute exception et défense. — Dans les cas urgents, les délais pourront être abrégés, et les parties citées à comparaître même dans le jour et à l'heure indiqués, en vertu d'une cédule délivrée par le juge-de-paix.

147. Les parties pourront comparaître volontairement et sur un simple avertissement, sans qu'il soit besoin de citation.

148. Avant le jour de l'audience le juge-de-paix pourra, sur la réquisition du ministère public ou de la partie civile, estimer ou faire estimer les dommages, dresser ou faire dresser les procès-verbaux, faire ou ordonner tous actes requérant célérité.

149. Si la personne citée ne comparaît pas au

jour et à l'heure fixés par la citation, elle sera jugée par défaut.

150. La personne condamnée par défaut ne sera plus recevable à s'opposer à l'exécution du jugement, si elle ne se présente à l'audience indiquée par l'article suivant, sauf ce qui sera ci-après réglé sur l'appel et le recours en cassation.

151. L'opposition au jugement par défaut pourra être faite par déclaration en réponse au bas de l'acte de signification, outre un jour par trois myriamètres. — L'opposition emportera de droit citation à la première audience après l'expiration des délais, et sera réputée non avenue si l'opposant ne comparaît pas.

152. La personne citée comparaîtra par elle-même ou par un fondé de procuration spéciale.

153. L'instruction de chaque affaire sera publique, à peine de nullité. — Elle se fera dans l'ordre suivant : les procès-verbaux, s'il y en a, seront lus par le greffier ; — les témoins s'il en a été appelé par le ministère public ou la partie civile, seront entendus, s'il y a lieu ; la partie civile prendra ses conclusions ; — la personne citée proposera sa défense, et fera entendre ses témoins, si elle en a amené ou fait citer, et si, aux termes de l'article suivant, elle est recevable à les produire ; — le ministère public résumera l'affaire, et donnera ses conclusions ; la partie citée pourra proposer ses observations. — Le tribunal de police prononcera le jugement dans l'audience où

l'instruction aura été terminée, et, au plus tard, dans l'audience suivante.

154. Les contraventions seront prouvées, soit par procès-verbaux ou rapports, soit par témoins, à défaut de rapports et procès-verbaux. Nul ne sera admis, à peine de nullité, à faire preuve par témoins, outre ou contre le contenu des procès-verbaux ou rapports des officiers de police ayant reçu de la loi le pouvoir de constater les délits ou les contraventions, jusqu'à inscription de faux. Quant aux procès-verbaux et rapports faits par des agens, préposés ou officiers auxquels la loi n'a pas accordé le droit d'en être crus jusqu'à inscription de faux, ils pourront être débattus par des preuves contraires, soit écrites, soit testimoniales, si le tribunal juge à propos de les admettre.

155. Les témoins feront, à l'audience, sous peine de nullité, le serment de dire toute la verité, rien que la vérité, et le greffier en tiendra note, ainsi que de leurs noms, prénoms, âge, profession et demeure, et de leurs principales déclarations.

156. Les ascendants ou descendants de la personne prévenue, ses frères et sœurs ou alliés en pareil degré, la femme ou son mari, même après le divorce prononcé, ne seront ni appelés ni reçus en témoignage, sans néanmoins que l'audition des personnes ci-dessus désignées puisse opérer une nullité, lorsque, soit le ministère public, soit la partie civile, soit le prévenu, ne se sont pas opposés à ce qu'elles soient entendues.

157. Les témoins qui ne satisferont pas à la citation, pourront y être contraints par le tribunal qui, à cet effet, et sur la réquisition du ministère public, prononcera, dans la même audience, sur le premier défaut, l'amende, et, en cas d'un second défaut, la contrainte par corps.

158. Le témoin ainsi condamné à l'amende sur le premier défaut, et qui, sur la seconde citation, produira devant le tribunal des excuses légitimes, pourra, sur les conclusions du ministère public, être déchargé de l'amende. — Si le témoin n'est pas cité de nouveau, il pourra volontairement comparaître, par lui ou par un fondé de procuration spéciale, à l'audience suivante, pour présenter ses excuses et obtenir, s'il y a lieu, décharge de l'amende.

159. Si le fait ne présente ni délit ni contravention de police, le tribunal annulera la citation et tout ce qui aura suivi, et statuera par le même jugement sur les demandes en dommages-intérêts.

160. Si le fait est un délit qui emporte une peine correctionnelle ou plus grave, le tribunal renverra les parties devant le procureur de la République.

161. Si le prévenu est convaincu de contravention de police, le tribunal prononcera la peine, et statuera par le même jugement sur les demandes en restitution et en dommages-intérêts.

162. La partie qui succombera sera condamnée aux frais, même envers la partie publique. — Les dépens seront liquidés par le jugement.

163. Tout jugement définitif de condamnation sera motivé, et les termes de la loi appliqués y seront insérés, à peine de nullité. — Il y sera fait mention s'il est rendu en dernier ressort ou en première instance.

164. La minute du jugement sera signée par le juge qui aura tenu l'audience, dans les vingt-quatre heures au plus tard, à peine de vingt-cinq francs d'amende contre le greffier, et de prise à partie, s'il y a lieu, tant contre le greffier que contre le président.

165. Le ministère public et la partie civile poursuivront l'exécution du jugement chacun en ce qui le concerne.

De la Juridiction des Maires, comme juges de Police.

166. Les maires des communes non chefs-lieux de canton connaîtront, concurremment avec les juges-de-paix, des coutraventions commises dans l'étendue de leur commune par les personnes prises en flagrant délit, ou par des personnes qui résident dans la commune ou qui y sont présentes, lorsque les témoins y seront aussi résidents ou présents, et lorsque la partie réclamante conclura pour ses dommages-intérêts à une somme déterminée qui n'excèdera pas celle de quinze francs. — Ils ne pourront jamais connaître de contraventions attribuées exclusivement aux juges-de-paix par l'art. 139, ni d'aucune des matières dont la

connaissance est attribuée aux juges-de-paix considérés comme juges civils.

167. Le ministère public sera exercé, auprès du maire, dans les matières de police, par l'adjoint; en l'absence de l'adjoint, ou lorsque l'adjoint remplacera le maire comme juge de police, le ministère public sera exercé par un membre du conseil municipal, qui sera désigné à cet effet par le procureur de la République, pour une année entière.

168. Les fonctions de greffier de maires dans les affaires de police, seront exercées par un citoyen que le maire proposera et qui prêtera serment en cette qualité au tribunal de police correctionnelle. Il recevra pour ses expéditions les émolumens attribués au greffe du juge-de-paix.

169. Le ministère des huissiers ne sera pas nécessaire pour les citations aux parties. Elles pourront être faites par un avertissement du maire, qui annoncera au défendeur le fait dont il est inculpé, le jour et l'heure où il doit se présenter.

170. Il en sera de même des citations aux témoins; elles pourront être faites par un avertissement qui indiquera le moment où leur déposition sera reçue.

171. Le maire donnera son audience dans la maison-commune; il entendra publiquement les parties et les témoins. — Seront de plus observées les dispositions des art. 149, 150, 151, 152, 153, 154, 155, 156, 157, 158, 159 et 160, con-

cernant l'instruction et les jugements au tribunal du juge-de-paix.

De l'Appel des jugements de police

172. Les jugements rendus en matière de police, pourront être attaqués par la voie d'appel, lorsqu'ils prononceront un emprisonnement, ou lorsque les amendes, restitutions et autres réparations civiles excèderont là somme de cinq francs outre les dépens.

173. L'appel sera suspensif.

174. L'appel des jugements rendus par le tribunal de police sera porté au tribunal correctionnel; cet appel sera interjeté dans les dix jours de la signification de la sentence à personne ou à domicile; il sera suivi et jugé dans la même forme que les appels des sentences des justices de paix.

175. Lorsque, sur l'appel, le procureur de la République ou l'une des parties les requerra, les témoins pourront être entendus de nouveau, et il pourra même en être entendu d'autres.

176. Les dispositions des articles précédents sur la solennité de l'instruction, la nature des preuves, la forme, l'authenticité et la signature du jugement définitif, la condamnation aux frais, ainsi que les peines que ces articles prononcent, seront communes aux jugements rendus sur l'appel par les tribunaux correctionnels.

177. Le ministère public et les parties pourront, s'il y a lieu, se pourvoir en cassation contre les jugements rendus en dernier ressort par le tribunal de police, ou contre les jugements rendus par le tribunal

correctionnel sur l'appel des jugements de police. Le recours aura lieu dans la forme et dans les délais qui seront prescrits.

178. Au commencement de chaque trimestre, les juges-de-paix et les maires, transmettront au procureur de la République, l'extrait des jugements de police qui auront été rendus dans le trimestre précédent, qui auront prononcé la peine d'emprisonnement. Cet extrait sera délivré sans frais par le greffier. — Le procureur de la République le déposera au greffe du tribunal correctionnel; il en rendra un compte sommaire au procureur général près la cour d'appel.

OBSERVATION.

Bien que les instructions que nous venons de rapporter soient insuffisantes, elles sont cependant les seules relatives aux procédures de police. Aussi, pour éclairer complètement les juges sur les commentaires dont elles sont souvent l'objet, nous leur recommanderons d'étudier sérieusement les questions ci-après, qui sont les principales sur lesquelles la cour de cassation et le conseil d'état aient été appelés à se prononcer jusqu'à ce jour.

De la Compétence.

D. — Comment se règle la compétence des tribunaux de police?

R. — La compétence des tribunaux de police, se règle d'après l'art. 137 du code d'instruction criminelle, qui place sous la juridiction de ces tribunaux les faits qui, d'après les dispositions du 4e livre du code pénal, peuvent donner lieu, soit à quinze francs d'amende ou au-dessous, soit à cinq jours d'emprisonnement ou au-dessous, qu'il y ait ou non confiscation des choses saisies, et quelle qu'en soit la valeur.

D. — Est-ce par le *minimum* ou par le *maximum* de la peine que l'on connait si un délit est de la compétence du tribunal de police?

R. — La cour de cassation a décidé que toutes les fois que le *maximum* de la peine à appliquer à un délit dépassait quinze francs, le juge-de-paix devait se déclarer incompétent. (*Arrêt du* 16 *janvier* 1807.)

D. — Un tribunal de police est-il compétent pour connaître d'une contravention à un arrêté de l'autorité administrative, lorsque cet arrêté prononce contre les contrevenants des peines qui excèdent sa compétence?

R. — La cour de cassation a décidé que les tribunaux de simple police ne devaient consulter que la loi pour la pénalité et pour la compétence, et que lorsque la peine que prononce la loi fait rentrer la contravention dans les bornes de leur compétence, ils doivent statuer. (*Arrêt du* 17 *juin* 1825.)

D. — Si, par suite de la récidive, la peine de six jours d'emprisonnement pouvait être appliquée au délinquant, le tribunal de police devrait-il statuer?

R. — La cour de cassation a établi la négative. (*Arrêt du* 4 *juin* 1824.)

D. — La compétence pour un délit que la loi punit d'une amende égale au dommage, se déterminet-elle d'après les conclusions du plaignant ; le tribunal de police peut-il en connaître lorsque l'indemnité réclamée excède la somme de quinze francs?

R. — La cour de cassation a établi l'affirmative, quant à la première question, et la négative quant à la dernière. (*Arr. du* 31 *août* 1821 : Sirey, t. 24, p. 75.)

D. — Lorsque deux tribunaux sont également compétents pour connaître d'une action qui a été portée devant l'un deux, le demandeur peut-il se désister de sa première demande et en porter une deuxième devant l'autre tribunal?

R. — La cour de cassation a établi la négative. (*Arr. du* 19 *mars* 1812.)

D. — Les tribunaux de police peuvent-ils faire défense à telle ou telle personne d'exercer un métier ou une profession quelconque, ou de ne l'exercer qu'à des époques ou à des heures déterminées?

R. — La cour de cassation s'est prononcée pour la négative. (*Arr. du* 9 *février* 1807.)

D. — Un tribunal de police saisi d'une prévention de bruits ou tapages injurieux, peut-il se déclarer incompétent, sous le prétexte qu'il y aurait eu des coups portés respectivement par les parties, lorsqu'aucune plainte n'a été portée par elles?

R. — La cour de cassation a établi la négative. (*Arr. du* 29 *août* 1828.)

D. — Est-ce au tribunal de simple police qu'il appartient de connaître de la poursuite exercée contre un individu qui a affiché ou distribué des imprimés non timbrés?

R. — La cour de cassation a établi l'affirmative. (*Arr. du* 16 *avril* 1829.)

D. — Le tribunal de police appelé à punir une contravention, est-il compétent pour en réprimer une autre commise par la même personne, mais à l'occasion de laquelle il n'a été dirigé aucune poursuite?

R. — La cour de cassation a établi la négative. (*Arr. du* 17 *février* 1837.)

D. — Est-ce aux tribunaux de police ou aux conseils de préfecture qu'il appartient d'apprécier les contraventions aux arrêts pris par l'autorité municipale pour la sûreté et la commodité du passage sur la voie publique, lorsque ces contraventions ont été commises sur une rue formant le prolongement d'une grande route ou longeant un canal?

R. — La cour de cassation a décidé que c'était aux tribunaux de police. (*Arr. du* 8 *avril* 1839.)

D. — Est-ce aux tribunaux de police ou aux conseils de préfecture qu'il appartient de faire cesser les anticipations commises sur des chemins vicinaux, et de prononcer des amendes contre ceux qui les commettent?

R. — Une ordonnance royale du 23 juillet 1838, a décidé que les tribunaux de police devaient toujours prononcer les amendes, mais que les conseils de préfecture étaient chargés de faire cesser les usurpations. — Cette ordonnance est ainsi conçue :

« Louis-Philippe, etc. — Vu la lettre de notre ministre » de l'intérieur en date du 8 juillet 1838, laquelle nous » défère, en notre conseil d'état, le règlement de conflit né-

» gatif résultant de la double déclaration d'incompétence rendue par le conseil de préfecture du Lot et le juge-de-paix de la Bastide (Lot), à l'occasion d'une usurpation de chemins vicinaux imputée aux sieurs Hébrard frères; vu le jugement du juge-de-paix du canton de la Bastide en date du 13 juillet 1837; vu l'arêté du conseil de préfecture du département du Lot en date du 7 décembre 1837; vu les autres pièces produites;

» Considérant en fait que, suivant procès-verbal du 24 février 1837, les sieurs Hébrard ont construit sur un chemin public du village de Lagarouste, un four qui obstrue le passage; — que, par sentence du 13 juillet 1837, le juge-de-paix du canton de la Bastide, devant lequel ils avaient été traduits en raison de cette contravention, s'est déclaré incompétent pour en connaître et les a renvoyés devant la juridiction administrative; — que le conseil de préfecture du Lot, saisi à son tour aux fins dudit procès-verbal, s'est également déclaré incompétent, par arrêté du 7 décembre 1837; — considérant en droit que les contraventions aux dispositions de la loi du 9 ventôse an XIII relatives aux usurpations commises sur les chemins vicinaux, doivent, aux termes de l'article 8 de ladite loi, être poursuivies devant les conseils de préfecture; — que la compétence établie par cette loi se rattache aux pouvoirs généraux qui appartiennent à l'autorité administrative, chargée d'assurer la libre circulation des citoyens et la viabilité publique; — que cette compétence n'a été changée par aucune loi; — que l'article 479, n° 11, du code pénal, tel qu'il a été modifié par loi du 28 avril 1832, s'est borné à reproduire la disposition de la loi du 6 octobre 1791, art. 40, sans rappeler la loi du 9 ventôse an XIII, et dans le seul but de placer parmi les contraventions de simple police, les infractions prévues par ledit article; — que l'article 479, n° 11, du code pénal, doit se combiner avec la loi du 6 ventôse an XIII, en ce sens que les conseils de préfecture

» sont chargés de faire cesser les usurpations commises sur
» les chemins vicinaux, et les juges de police de prononcer
» les amendes; que cette combinaison attribue à chaque au-
» torité les pouvoirs qui lui appartiennent, en réservant à
» l'autorité administrative les mesures de conservation de la
» voie publique et à l'autorité judiciaire l'application des pé-
» nalités; qu'il suit de tout ce qui précède que, dans l'espé-
» ce, c'est à tort que le conseil de préfecture du Lot a re-
» fusé de statuer sur les mesures propres à faire cesser l'u-
» surpation imputée aux frères Hébrard, et que le juge-de-
» paix du canton de la Bastide a refusé de prononcer s'il y
» avait lieu à l'amende par eux encourue.

» Art. 1er L'arrêté du conseil de préfecture du Lot en date
» du 7 décembre 1837, est annulé dans l'intérêt de la loi,
» et la sentence du juge-de-paix de la Bastide, du 15 juil-
» let 1837, est considérée comme non avenue.

D. — Le fait d'établir un barrage sur un ruisseau, est-il de la compétence du tribunal de police, lorsqu'il a fait remonter l'eau sur un chemin vicinal à une certaine hauteur?

R. — La cour de cassation a établi l'affirmative. Elle a décidé que de semblables faits étaient passibles des peines prononcées par l'art. 479 n° 11 du code pénal. (*Arr. du* 28 *avril* 1842.)

D. — Le fait d'un particulier qui empiète sur une propriété communale, constitue-t-il une simple anticipation qui puisse donner lieu à une action civile, ou une contravention justiciable du tribunal de police?

R. — La cour de cassation a décidé que le tribunal de police était incompétent pour réprimer les faits d'anticipation d'un héritage sur un autre. (*Arrêt du* 31 *juillet* 1845.)

D. — L'attribution faite aux conseils de préfecture des contraventions commises par des constructions, des anticipations ou des dégradations sur les rues des villes servant de prolongement aux routes nationales, s'étend-elle à celles commises sur les portions adjacentes de la voie publique qui dépendent de la petite voirie ?

R. — La cour de cassation a décidé que c'est au tribunal de simple police et non au conseil de préfecture, qu'il appartient de connaître des contraventions commises par dégradations, détériorations, usurpation ou encombrement des rues d'une ville, ne servant point de grande route, et de toutes les contraventions de petite voirie. (*Arr. des* 16 *mai* 1839, 29 *mars* 1821, *avril* 1827, *et* 14 *et* 29 *août* 1829.)

D. — Est-ce aux conseils de préfecture qu'il appartient de connaître exclusivement des contraventions commises dans le domaine de la grande voirie, et spécialement de tout ce qui tient à la libre et sûre navigation sur les fleuves et rivières navigables et flottables ?

R. — La cour de cassation a établi l'affirmative. (*Arr. du* 5 *janvier* 1839). Nous devons cependant faire observer que la même cour avait décidé, le 14 novembre 1835, que c'était aux tribunaux ordinaires qu'il appartenait de statuer sur les contraventions aux arrêtés des préfets qui intéressent seulement la sûreté des communications sur les canaux, fleuves, etc.

D. — Les barrages établis par des particuliers

sur les chemins de halage, situés le long des fleuves et rivières navigables, constituent-ils des contraventions de la compétence des conseils de préfecture ou de la compétence des tribunaux de police?

R. — La cour de cassation a décidé qu'ils étaient de la compétence des conseils de préfecture. (*Arr. du* 31 *janvier* 1833.)

D. — Les tribunaux de police doivent-ils connaître des contraventions aux règlements faits pour la perception des droits de péage sur les ponts?

R. — Oui. (*Arr. du* 26 *août* 1826. — Voyez aussi la loi du 6 frimaire an VII.)

D. — Est-ce aux tribunaux de police qu'il appartient de connaître d'une contravention à un arrêté du préfet qui défend de tirer des armes à feu dans l'intérieur des villes et villages?

R. — La cour de cassation s'est prononcée pour l'affirmative. (*Arr. du* 7 *octobre* 1826.)

D. — L'orsqu'un terrain sert de rue et de grande route, les contraventions aux règlements de police qui s'y commettent, peuvent-elles être poursuivies concurremment par l'autorité judiciaire et par l'autorité administrative?

R. — La cour de cassation a établi l'affirmative. (*Arr. du* 13 *juin* 1811.)

D. — Est-ce aux conseils de préfecture ou aux tribunaux de simple police qu'il appartient de connaître de travaux effectués dans une rivière non navigable et non flottable, qui gênent l'écoulement des eaux?

R. — Une ordonnance du 19 mars 1840, a établi que de semblables faits ne pouvaient donner lieu qu'à des mesures de police. Elle est ainsi conçue :

« Louis-Philippe, etc.

» Considérant que la Vienne n'est ni navigable, ni flottable au point dont il s'agit; que, dès-lors, les travaux effectués par les requérants dans le lit de cette rivière, ne pouvaient donner lieu qu'à des mesures de police dans l'intérêt du libre écoulement des eaux, et qu'il n'appartenait point au conseil de préfecture d'apprécier l'opportunité desdites mesures et d'en prescrire l'exécution :

» Art. 1er. Les art. 1 et 2 de l'arrêté du conseil de préfecture du département de la Charente, en date du 28 avril 1838, et la disposition de l'article 5 du même arrêté qui condamne les sieurs Jouannet-Martin frères et Courteau, aux frais d'enregistrement et de notification, sont annulés. »

D. — Est-ce aux tribunaux ordinaires ou aux conseils de préfecture qu'il appartient de connaître d'une demande en indemnité qu'aurait occasionnée la confection de travaux pour le curage d'une rivière non navigable ni flottable, exécutés en vertu d'un arrêté du Maire, approuvé par le préfet?

R. — Deux ordonnances, l'une du 12 février 1842, et l'autre du 28 août 1844, ont établi que ce droit appartenait aux conseils de préfecture seuls.

D. — Les conseils de préfecture sont-ils compétents pour connaître des usurpations commises sur des chemins communaux?

R. — Une ordonnance du 13 juin 1845 a consacré la négative.

D. — Lorsque, dans la poursuite d'une contravention en matière de voirie urbaine, s'élève la question de savoir si le lieu où elle a été commise est une rue ou un chemin vicinal, est-ce à l'autorité à se prononcer sur ce point ?

R. — La cour de cassation a établi l'affirmative. (*Arr. du* 24 *septembre* 1841.)

D. — Est-ce aux tribunaux correctionnels qu'il appartient de connaître des délits forestiers commis dans les bois des particuliers, quand la peine encourue excède quinze francs?

R. — La cour de cassation a établi l'affirmative. (*Arr. des* 27 *juin*, 16 *août* 1811 *et* 17 *janvier* 1812.)

D. — La contravention à l'art 2 du décret du 29 août 1813, qui prescrit aux boulangers d'avoir dans leurs boutiques ou magasins le nombre de sacs de farine déterminé par cet article, est-elle de la compétence des tribunaux de police?

R. — La cour de cassation a établi l'affirmative. (*Arr. du* 4 *avril* 1837.)

D. — Le Maire d'une ville peut-il, en vertu de l'ordonnance royale du 22 octobre 1817, interdire à un boulanger l'exercice de sa profession?

R. — La cour de cassation, chambres réunies, a établi l'affirmative. (*Arr. du* 16 *juillet* 1840.)

D. — Est-ce à l'autorité administrative ou au tribunal de simple police, qu'il appartient de réprimer les contraventions à l'art. 2 de l'ordonnance du 11 janvier 1815, relatives à l'approvisionnement des boulangers?

R. — La cour de cassation a établi que ce droit était réservé à l'autorité administrative. (*Arr. du* 10 *septembre* 1840.)

D. — Une peine peut-elle être prononcée contre une partie qui n'a pas été citée?

R. — La cour de cassation a établi la négative. (*Arr. du* 2 *août* 1828.)

D. — Les tribunaux ont-ils le droit de censurer ou de réformer les règlements faits par les corps municipaux sur des objets confiés à leur vigilance?

R. — La cour de cassation a établi la négative. (*Arr. des* 8 *juin* 1810 *et* 1er *février* 1822.)

D. — Les tribunaux de police doivent-ils prononcer des peines pour l'infraction aux règlements, lorsque ces règlements ne se rattachent à l'exécution d'aucune loi?

R. — La cour de cassation a établi la négative. (*Arr. des* 3 *août* 1810 *et* 17 *janvier* 1829.)

D. — Les tribunaux de police sont-ils compétents pour interpréter un arrêté du préfet contenant règlement de police?

R. — La cour de cassation a établi l'affirmative. (*Arr. du* 29 *mai* 1846.)

D. — Le tribunal de police est-il compétent pour connaître des injures non publiques, et ne contenant pas l'imputation d'un vice déterminé, lorsqu'elles ont été proférées contre un maire à l'occasion de ses fonctions?

R. — La cour de cassation a établi l'affirmative, pourvu toutefois qu'elles ne tendent pas à inculper son honneur et sa délicatesse. (*Arr. du* 4 *août* 1832.)

D. — Les tribunaux de simple police ont-ils le droit de vérifier la forme extrinsèque des arrêtés municipaux et de leur refuser toute sanction, lorsqu'ils ont été pris hors du cercle des attributions municipales?

R. — La cour de cassation a établi l'affirmative. (*Arr. des* 11 *juin* 1818, 13 *août* 1819, 7 *mars* 1835 et 7 *janvier* 1839.)

D. — L'injure qui n'est pas publique et qui ne renferme pas l'imputation d'un vice déterminé, est-elle de la compétence du tribunal de police?

R. — La cour de cassation a établi l'affirmative. (*Arr. du* 11 *septembre* 1828.)

D. — La publicité d'une injure suffit-elle pour en attribuer la connaissance à la police correctionnelle, sans qu'elle contienne l'imputation d'un vice déterminé?

R. — La cour de cassation a établi la négative. (*Arr. du* 9 *mars* 1833.)

D. — Le fait d'avoir abandonné des voitures ou déposé des matériaux sur un chemin dépendant de la grande voirie, doit-il être réprimé par application de l'arrêt du conseil du 4 août 1731 ou par l'application de l'art. 471 du code pénal?

R. — Une ordonnance du 23 décembre 1844 a établi que c'était par l'*arr. du 4 août* 1731.

De l'Action publique et de l'Action civile.

D. — L'action publique qui résulte de tout délit ou contravention prévus par le code pénal, peut-elle être anéantie ou suspendue par le défaut d'exercice de l'action civile?

R. — La cour de cassation a établi la négative. (*Arr. du* 11 *juin* 1813.)

D. — Le juge compétent pour la répression d'un délit, peut-il connaître de l'action civile s'il n'est pas saisi de l'action publique pour l'application de la peine?

R. — La cour de cassation a consacré la négative. (*Arr. du* 18 *septembre* 1828.)

D. — La partie lésée par un délit, peut-elle, après avoir porté plainte sans se constituer partie civile et lorsqu'il est intervenu un jugement de condamnation, poursuivre la réparation des dommages par action civile?

R. — La cour de cassation a établi la négative. (*Arr. du* 22 *juillet* 1813.)

D. — L'action civile est-elle suspendue par l'effet d'une plainte portée par la partie civile et restée sans poursuite de la part du ministère public?

R. — La cour de cassation a établi la négative. (*Arr. des* 10 *avril* 1810, *et* 28 *juin* 1822.)

D. — La partie civile ne doit-elle consigner les frais, comme le prescrit le décret du 18 juin 1811, qu'autant que la poursuite a eu lieu d'office, et à la requête du ministère public?

R. — La cour de cassation a établi l'affirmative. (*Arr. du* 25 *février* 1834 : *Sirey, tome* 34.)

D. — La partie qui, avant le débat, n'a fait aucune plainte de dénonciation, peut-elle, pendant le débat, se porter partie civile?

R. — La cour de cassation a établi l'affirmative. (*Arr. du* 16 *octobre* 1812.)

D. — Si celui qui a porté une plainte vient à la désavouer, le ministère public peut-il continuer la poursuite s'il a été étranger à la plainte?

R. — La cour de cassation a établi l'affirmative. (*Arr. du* 9 *janvier* 1808.)

D. — La partie civile peut-elle, lorsqu'elle comparaît en personne, être assistée d'un avocat?

R. — La cour de cassation a établi l'affirmative. (*Arr. du* 20 *novembre* 1823 : *Sirey, tome* 24.)

D. — Lorsque la partie civilement responsable a seule été mise en cause devant un tribunal, ce tribunal peut-il prononcer contr'elle une condamnation, sans que le ministère public ait poursuivi l'auteur de la contravention?

R. — La cour de cassation s'est prononcée pour la négative. (*Arr. du* 24 *décembre* 1830 : *Sirey, tome* 31, *page* 180.)

D. — Une femme peut-elle sans autorisation de son mari intenter un procès criminel?

R. — La cour de cassation a établi la négative. (*Arr. du 1er juillet* 1808.)

D. — Le plaignant qui s'est désisté, sans aucune réserve, peut-il faire revivre la plainte après l'exercice d'une action publique?

R. — La cour de cassation a consacré la négative. (*Arr. du* 22 *juillet* 1813.)

D. — Peut-on se pourvoir directement devant les tribunaux civils pour obtenir réparation d'un tort causé par un délit de simple police?

R. — La cour de cassation a établi l'affirmative. (*Arr. du* 12 *décembre* 1809.)

D. — La mort de l'auteur d'une contravention éteint-elle l'action publique contre ses complices?

R. — La cour de cassation s'est prononcée pour la négative. (*Arr. du* 21 *avril* 1815.)

D. — Bien qu'une loi ne prononce qu'une amende contre un délit, le juge peut-il néanmoins prononcer des dommages-intérêts, s'il y a préjudice pour les plaignants?

R. — La cour de cassation a établi l'affirmative. (*Arr. du* 14 *août* 1818.)

D. — Un mari peut-il poursuivre la réparation de l'injure faite à sa femme? Un père peut-il poursuivre une injure faite à son enfant mineur? Des parents peuvent-ils venger l'injure faite à un de leurs parents, lorsqu'elle rejaillit sur toute la famille? Des héritiers peuvent-ils venger l'injure faite à la mémoire du défunt? Un maître peut-il poursuivre l'auteur d'une injure faite à ses domestiques, lorsqu'elle retombe sur sa personne?

R. — Toutes ces questions ont été résolues affirmativement par la cour de cassation. (*Arr. du 14 Germinal an XIII.*)

D. — Le ministère public est-il recevable à poursuivre un fait d'injure, si les parties ne se plaignent pas?

R. — La cour de cassation a établi l'affirmative. (*Arr. du* 21 *novembre* 1808.)

D. — Comment se prescrivent l'action publique et l'action civile?

R. — D'après l'article 640 du code d'instruction criminelle, l'action publique et l'action civile pour une contravention de police sont prescrites après une année révolue, à compter du jour où elle aura été commise, même lorsqu'il y aura procès-verbal, saisie, instruction ou poursuites, si, dans cet intervalle il n'est point intervenu de condamnation ; s'il y a eu attaque par la voie de l'appel, l'action publique et l'action civile se prescrivent après une année révolue à compter de la notification de l'appel qui en aura été interjeté.

D. — L'action publique se prescrit-elle pour toutes les contraventions en général après une année révolue?

R. — Le conseil d'état a décidé, le 1er juillet 1842, qu'une contravention de grande voirie devait toujours être réprimée dans l'intérêt toujours subsistant de la viabilité. Voici cette décision :

« Considérant qu'aux termes de l'article 640 du code d'instruction criminelle, l'action publique et l'action civile résultant d'une contravention, est prescrite après une année révolue à compter du jour où la contravention a été commise, mais que la dégradation du ponceau de Paronçay par le sieur de Beaucorps, faite en contravention aux lois et règlements de la grande voirie, peut et doit être poursuivie dans l'intérêt toujours subsistant de la viabilité, etc., annule l'arrêté du conseil de préfecture de la Charente-Inférieure et condamne le sieur de Beaucorps à réparer le dommage causé par lui au ponceau de Paronçay et le condamne en outre aux frais. «

D.— L'appel d'un jugement de police peut-il également être notifié au procureur de la République près le tribunal qui doit en connaître?

R. — La cour de cassation a établi l'affirmative. (*Arr. du* 19 *septembre* 1834.)

D. — L'appel doit-il être formé par signification, par exploit au ministère public ou par déclaration au greffe?

R. — La cour de cassation a décidé que l'un et l'autre mode peuvent être suivis. (*Arr. des* 23 *août* 1823, *et* 7 *décembre* 1833.)

Des Procès-Verbaux.

D. — Pour faire foi en justice, les procès-verbaux doivent-ils indiquer l'heure où le délit a été commis?

R. — La cour de cassation a consacré la négative. (*Arr. du* 9 *janvier* 1835.)

D. — Les aveux des contrevenants, constatés

dans les procès-verbaux des gardes champêtres, forment-ils preuve de la contravention comme les autres faits qui s'y trouvent rapportés ?

R. — La cour de cassation a établi l'affirmative. (*Arr. du* 16 *avril* 1835 : *Sirey, tome* 35.)

D. — Le procès-verbal dressé par un garde qui aurait pénétré dans une habitation, pour y chercher les preuves d'un délit, sans être assisté, comme l'exige la loi, serait-il nul, si le délinquant ne s'était point opposé à l'entrée du garde?

R. — La cour de cassation a établi la négative. (*Arr. du* 10 *avril* 1823 : *Sirey, tome* 23, *et* 12 *juin* 1829, *Sirey, tome* 30.)

D. — Le procès-verbal d'un garde champêtre reçu par un secrétaire de mairie et signé par le maire est-il régulier?

R. — La cour de cassation a consacré l'affirmative, par le motif qu'un secrétaire de mairie, est un agent du gouvernement, donné au maire et à ses adjoints. (*Arr. du* 19 *mars* 1830 : *Dall., année* 1830.)

D. — Le procès-verbal écrit de la main du maire qui a signé seulement à la suite de l'affirmation écrite également de sa main, est-il valable?

R. — La cour de cassation a consacré l'affirmative. (*Arr. du* 25 *février* 1825.)

D. — Pour faire foi jusqu'à preuve contraire, les procès-verbaux doivent-ils nécessairement être rédigés par les fonctionnaires ayant qualité pour les rédiger?

R. — La cour de cassation a établi l'affirmative. (*Arr. des* 18 *octobre* 1828 *et* 7 *août* 1829.)

D. — Les gardes champêtres ont-ils le droit de constater par procès-verbaux les contraventions en matière de roulage?

R. — Une ordonnance du 1er mars 1842, a consacré l'affirmative.

D. — La nullité d'un procès-verbal de garde champêtre, tirée de ce qu'il n'y a pas été constaté par qui il a été écrit, est-elle couverte par le silence du prévenu?

R. — Le tribunal de police peut la prononcer d'office; mais le ministère public peut dans ce cas être admis à prouver la contravention par témoins. (*Arr. de la cour de cassation du* 5 *mars* 1835.)

D. — En cas d'irrégularité du procès-verbal d'un garde champêtre, le garde champêtre et le maire qui a reçu l'affirmation du procès-verbal, peuvent-ils être entendus pour prouver le délit ou la contravention?

R. — La cour de cassation a établi l'affirmative (*Arr. des* 17 *avril* 1823 : *Sirey, tome* 23 *et* 5 *mars* 1835.)

D. — Le défaut d'affirmation, dans les vingt-quatre heures, entraîne-t-il la nullité des procès-verbaux des gardes champêtres et forestiers?

R. — La cour de cassation a établi l'affirmative. (*Arr. des* 10 *décembre* 1824 *et* 5 *janvier* 1809.)

D. — L'affirmation doit-elle, à peine de nullité,

être signée par les gardes qui ont rédigé les procès-verbaux ?

R. — La cour de cassation a établi l'affirmative à l'égard des gardes forestiers. (*Arr. du* 1er *avril* 1830 : *Sirey, tome* 30.) Nous pensons qu'il faudrait juger de même s'il s'agissait d'un procès-verbal de garde champêtre qui saurait signer.

D. — Le délai de vingt-quatre heures prescrit pour l'affirmation des procès-verbaux des gardes, court-il du jour du délit ou du jour de la signature de ces procès-verbaux?

R. — La cour de cassation a décidé que c'est du jour de la signature. (*Arrêt. du* 2 *messidor an XIII.*)

D. — Lorsqu'un procès-verbal a été affirmé le lendemain de sa date sans énonciation d'heure, doit-on présumer que cette formalité a été remplie dans le délai voulu?

R. — La cour de cassation s'est prononcée pour l'affirmative. (*Arr. du* 9 *février* 1811.)

D. — L'affirmation doit-elle être faite sous forme de serment, à peine de nullité?

R. — La cour de cassation a établi l'affirmative. (*Arr. du* 16 *avril* 1828.)

D. — Un membre du conseil municipal a-t-il qualité pour recevoir l'affirmation d'un procès-verbal?

R. — La cour de cassation a consacré la négative. (*Arr. du* 18 *novembre* 1808.)

D. — Le défaut d'enregistrement d'un procès-verbal constatant une contravention de police, peut-il autoriser les juges à prononcer le renvoi de l'auteur de la contravention?

R. — La cour de cassation a établi la négative. (*Arr. des* 5 *mars* 1819, 16 *janvier* 1824, *et* 23 *février* 1827.)

D. — L'affirmation de procès-verbaux de gardes champêtres et forestiers peut-elle être reçue par le maire ou l'adjoint d'une commune qui n'est pas celle du délit ?

R. — La cour de cassation a établi la négative. (*Arr. des* 5 *Brumaire an XIII et* 2 *octobre* 1806.)

D. — Les procès-verbaux qui ont été rédigés par des agens forestiers et contre lesquels il n'y a pas eu inscription de faux, font-ils preuve suffisante, lorsque l'indemnité et l'amende excèdent la somme de 100 francs?

R. — La cour de cassation a établi l'affirmative. (*Arr. des* 10 *mai et* 14 *décembre* 1810.)

D. — Les procès-verbaux des gardes forestiers de l'État sont-ils valables et font-ils foi, lorsqu'ils constatent les délits commis dans les bois des particuliers?

R. — La cour de cassation a consacré l'affirmative. (*Arr. du* 5 *novembre* 1807.)

D. — Les procès-verbaux dressés par des commissaires de police en matière de contravention aux règlements de police, font-ils foi en justice jusqu'à preuve contraire?

R. — La cour de cassation a établi l'affirmative (*Arr. du* 10 *mars* 1815.)

D. — Les procès-verbaux dressés par des com.

missaires de police font-ils foi en justice jusqu'à inscription de faux ?

— *R.* La cour de cassation a établi la négative. (*Arr. des* 30 *janvier* 1817 *et* 20 *octobre* 1810.)

D. — Les procès-verbaux constatant des contraventions de police doivent-ils être admis par les tribunaux de police, s'ils ne sont pas enregistrés ?

R. — La cour de cassation a établi l'affirmative. (*Arr. du* 5 *mars* 1819.)

D. — La foi due à des procès-verbaux de commissaires de police, de maires, etc., s'étend-elle aux faits que ces procès-verbaux énoncent comme déclarés par des tiers ?

R. — La cour de cassation a consacré la négative. (*Arr. du* 18 *janvier* 1830 : *Sirey, tome* 30, *page* 149.)

D. — Les commissaires de police peuvent-ils constater par procès-verbaux les délits et contraventions commis dans les réunions publiques ?

R. — La cour de cassation a établi l'affirmative. (*Arr. du* 20 *avril* 1849.)

D. — Un gendarme de service a-t-il qualité pour dresser procès-verbal des contraventions aux règlements sur le chargement des voitures publiques, et foi doit-elle être due à ce procès-verbal jusqu'à preuve contraire ?

R. — La cour de cassation a établi l'affirmative. (*Arr. du* 31 *décembre* 1812.)

D. — Les procès-verbaux de simples gendarmes constatant des contraventions aux lois et règlements relatifs aux marchés et lieux publics et notamment aux règlements de police sur la fermeture des lieux publics, font-ils foi jusqu'à preuve contraire?

R. — La cour de cassation a consacré l'affirmative. (*Arr. du* 8 *août* 1840.)

D. — Les procès-verbaux de la gendarmerie constatant des contraventions aux lois sur le transport des lettres sur la police des routes et diligences, font-ils foi jusqu'à preuve contraire?

R. — La cour de cassation a consacré l'affirmative. (*Arr. des* 25 *mars et* 22 *avril* 1830.)

D. — En cas de nullité d'un procès-verbal, les juges sont-ils obligés d'ordonner d'office que le fait sera prouvé par toute autre voie?

R. — La cour de cassation a établi la négative. (*Arr. du* 5 *janvier* 1819.)

D. — Si le prévenu d'un délit, constaté par un procès-verbal qui serait nul dans la forme, avouait ce délit, devrait-il être puni?

R. — La cour de cassation a établi l'affirmative. (*Arr. du* 28 *novembre* 1806.)

D. — Les officiers de police judiciaire peuvent-ils dresser des procès-verbaux contre leurs parents?

R. — La cour de cassation a établi l'affirmative. (*Arr. des* 5 *janvier* 1809 *et* 7 *novembre* 1817.)

D. — Les procès-verbaux d'agents ou appariteurs de police, font-ils foi en justice jusqu'à preuve contraire?

R. — La cour de cassation a consacré la négative. (*Arr. des* 7 *août* 1829, *et* 30 *mars* 1839.)

D. — Lorsque le rapport d'un agent de police, est corroboré par l'aveu du prévenu, fait-il preuve suffisante de la contravention qu'il constate?

R. — La cour de cassation a établi l'affirmative. (*Arr. du* 5 *février* 1835.)

D. — Les procès-verbaux rédigés par des appariteurs ou inspecteurs de la salubrité, sont-ils soumis au timbre et à l'enregistrement?

R. — La cour de cassation a établi l'affirmative. (*Arr. du* 22 *juin* 1842 : *Gazette des tribunaux.*)

D. — En matière de contravention de police, l'aveu du prévenu fait-il preuve suffisante de la contravention?

R. — La cour de cassation a établi l'affirmative. (*Arr. du* 5 *février* 1835.)

D. — Lorsqu'un procès-verbal des employés des contributions indirectes établit qu'un individu avait l'habitude de loger et de nourrir des ouvriers pendant la durée des travaux, et qu'il exerçait ainsi pendant ce temps, la profession de logeur sans être muni d'une licence et sans avoir fait la déclaration prescrite par les lois de 1816 et 1836, le tribunal de police saisi de la contravention, peut-il le relaxer sous prétexte qu'il ne faisait pas habituellement le métier de logeur, et sur ce qu'il n'est pas prouvé que le fait, objet de la poursuite, ait eu lieu moyennant salaire?

R. — La cour de cassation a établi la négative. (*Arr. du* 9 *décembre* 1845.)

D. — Les agents-voyers pour les chemins vicinaux ont-ils qualité pour constater les contraventions de petite voirie commises dans l'intérieur des villes ou villages.

R. — La cour de cassation a établi la négative. (*Arr. du* 13 *janvier* 1841.) Nous rapportons textuellement cet arrêt.

» La Cour. — Attendu que les règlements généraux qui défendent d'entreprendre aucune construction sur ou joignant la voie publique, sans avoir préalablement demandé et obtenu de l'autorité municipale l'alignement par eux exigé, doivent être observés, même dans les communes où cette autorité n'a point rappelé les citoyens à leur exécution ; d'où il suit que le jugement dénoncé a commis, en décidant le contraire, dans l'espèce, une violation expresse de ces règlements ; mais attendu que le procés-verbal dressé à la charge de la veuve Jeannin, le 14 juillet dernier, ne pouvait faire foi par lui-même, jusqu'à preuve contraire, de la contravention qu'elle aurait commise sur la place de la commune d'Enkange, en y construisant, sans autorisation du maire, un mur de fosse-à-fumier, puisqu'il est l'ouvrage d'un agent-voyer que l'article 11 de la loi du 21 mai 1836 charge seulement de survelller la réparation et de veiller à la conservation de chemins vicinaux ; — qu'en infirmant dans la condamnation prononcée contre la veuve Jeannin, par le motif que le fait à elle reproché ne se trouvait pas légalement établi, le tribunal correctionnel de Thionville n'a fait que se conformer aux principes de la matière ; — rejette, etc. »

D. — Lorsqu'un procès-verbal constatant une contravention n'a pas été combattu par des preuves contraires, le juge de police peut-il relaxer le prévenu, en se fondant sur la connaissance personnelle qu'il aurait de faits de nature à le justifier?

R. — La cour de cassation a établi la négative. (*Arr. du* 2 *mars* 1843.)

D. — Le prévenu d'une contravention constatée par des rapports de sergents de ville, peut-il être renvoyé de la plainte lorsqu'il n'avoue pas la contravention; qu'il se borne à dire qu'il ignore si elle a eu lieu, et qu'il n'y a aucun témoin de produit?

R. — La cour de cassation a établi l'affirmative. (*Arr. du* 15 *octobre* 1842.)

D. — Lorsqu'il résulte d'un procès-verbal régulièrement dressé et non combattu par des preuves contraires, qu'une voiture a été trouvée stationnant sur la voie publique pendant la nuit, encombrant la circulation et dénuée de lanterne, le tribunal de police peut-il relaxer le prévenu sous prétexte que le procès-verbal n'indiquant aucun laps de temps, l'abandon de la voiture ne paraissait pas avoir existé?

R. — La cour de cassation a établi la négative. (*Arr. du* 28 *Août* 1846.)

D. — Lorsque l'inculpé argue de nullité le procès-verbal dressé contre lui, le tribunal de simple police peut-il écarter ce même procès-verbal et autoriser purement et simplement le ministère public à prouver par témoins la contravention, sans avoir préalablement statué sur le mérité du procès-verbal?

R. — La cour de cassation a établi la négative. (*Arr. du* 2 *octobre* 1846.)

Des Témoins.

D. — Tout individu faisant une déclaration en faveur du prévenu qui l'a amené, doit-il, à peine de nullité, prêter serment?

R. — La cour de cassation a établi l'affirmative. (*Arr. du* 6 *Août* 1817.)

D. — Une condamnation comme un acquittement peuvent-ils être prononcés sans avoir entendu les témoins et sans avoir examiné les preuves?

R. — La cour de cassation a consacré la négative. (*Arr. du* 18 *novembre* 1824.)

D. — Le tribunal peut-il se dispenser d'entendre des témoins sous prétexte qu'ils n'auraient pas été cités?

R. — La cour de cassation a consacré la négative. (*Arr. du* 15 *février* 1811.)

D. — Les tribunaux de police peuvent-ils prononcer l'acquittement des contrevenants, sans entendre les témoins produits par les parties civiles?

R. — La cour de cassation a établi la négative. (*Arr. du* 24 *novembre* 1808.)

D. — Un tribunal de police peut-il prononcer une condamnation sur la simple lecture d'un procès-verbal de déposition de témoins?

R. — La cour de cassation a établi qu'il fallait, à peine de nullité, que les témoins fussent entendus à l'audience. (*Arr. du* 24 *juin* 1811 : *Sirey*, *tome* 12, *page* 63.)

D. — Les tribunaux de police peuvent-ils condamner des témoins à l'emprisonnement, par la raison qu'ils n'auraient pas déposé la vérité ou tout ce qu'ils savaient?

R. — La cour de cassation a établi la négative. (*Arr. du* 13 *novembre* 1806.)

D. — Lorsque des témoins entendus devant un tribunal de police ont seulement prêté serment de dire vérité et toute vérité, le jugement est-il nul?

R. — La cour de cassation a consacré l'affirmative, attendu que le serment doit être de dire toute la vérité et rien que la vérité.

D. — L'obligation imposée aux témoins de prêter serment, s'applique-t-elle aux agents de police qui viennent à l'audience compléter les rapports qu'ils ont dressés?

R. — La cour de cassation a établi l'affirmative. (*Arr. du* 12 *décembre* 1846.)

D. — Y a-t-il nullité, lorsqu'un témoin appelé devant le tribunal de police n'a pas prêté le serment prescrit par la loi?

R. — La cour de cassation a établi l'affirmative. (*Arr. du* 20 *septembre* 1845.)

D. — Suffirait-il de la déposition d'un seul témoin pour établir aujourd'hui un délit ou une contravention?

R. — La cour de cassation a établi l'affirmative. (*Arr. des* 7 *février* 1835 *et* 13 *novembre* 1834 : *Dall. année* 1835.)

D. — Un oncle de l'accusé doit-il être entendu avec prestation de serment?

R. — La cour de cassation a établi l'affirmative. (*Arr. des* 13 *janvier* 1820 : *Dall. année* 1820.)

D. — Peut-on entendre dans une accusation, comme témoins, des individus acquittés de cette même accusation?

R. — La cour de cassation a établi l'affirmative. (*Arr. du* 29 *mars* 1832 : *Dall. année* 1832.)

D. — La partie civile ou du moins la partie plaignante, peut-elle être entendue en témoignage?

R. — La cour de cassation a établi l'affirmative. (*Arr. du* 1er *septembre* 1832 : *Sirey, tome* 33.)

D. — La déposition avec prestation de serment des condamnés à des peines afflictives ou infamantes, entraîne-t-elle nullité, s'il n'y a eu aucune opposition à ce qu'ils soient entendus?

R. — La cour de cassation a établi la négative. (*Arr. des* 19 *novembre* 1810 *et* 22 *janvier* 1825.)

D. — Un accusé peut-il s'opposer à l'audition, sous prestation de serment, d'un témoin légalement reprochable, jusqu'au moment où il va déposer, et après la prestation, s'il y a d'abord consenti?

R. — La cour de cassation a établi la négative. (*Arr. du* 5 *septembre* 1831 : *Dall. année* 1831.)

D. — Une personne non citée comme témoin peut-elle être admise aux débats pour déposer une pièce nouvelle remise au juge sans qu'il soit d'ailleurs constaté que l'accusé ait été à même de la discuter ou de la combattre?

R. — La cour de cassation a établi la négative. (*Arr. du* 30 *décembre* 1830 : *Dall. année* 1831.)

D. — Les tribunaux sont-ils contraints d'admettre forcément contre les témoins les reproches motivés sur les dispositions de l'article 283 du code de procédure civile?

D. — La cour de cassation a établi la négative par arrêt du 4 mars 1845. Elle a consacré aussi par le même arrêt que les tribunaux pouvaient accueillir des reproches non formellement indiqués par ledit art. 283, attendu que les dispositions qu'il contient sont simplement démonstratives et non limitatives.

D. — Lorsque le reproche dirigé contre un témoin pour une des causes énumérées dans l'article 283 du code de procédure civile, est justifié, les juges sont-ils obligés d'écarter sa déposition?

R. — La cour de cassation a consacré l'affirmative. (*Arr. du* 12 *juillet* 1845, *journal du palais, année* 1847.)

D. — Les tribunaux de police sont-ils dans l'obligation d'admettre la preuve contraire aux énonciations d'un procès-verbal, toutes les fois qu'elle est offerte?

R. — La cour de cassation a décidé que la loi leur laissait la faculté de la rejeter, lorsqu'ils reconnaissaient qu'elle peut être frustratoire. (*Arr. des* 4 *février* 1825 *et* 10 *septembre* 1831.)

D. — Un témoin est-il obligé de renouveler son serment à toutes les audiences auxquelles il peut être tenu d'assister dans une affaire?

R. — La cour de cassation a établi la négative. (*Arr. du* 13 *avril* 1816 : *Sirey*, *tome* 20.)

D. — La règle qui veut que les témoins soient

entendus séparément est-elle applicable aux tribunaux de police?

R. — La cour de cassation a établi la négative. (*Arrêt du* 4 *juin* 1847.)

D. — Un jugement rendu par le tribunal de police sur la déposition de témoins qui, au lieu de prêter serment selon la formule prescrite par l'article 155 du code d'instruction criminelle, ont seulement juré de dire la vérité, ou de dire et déposer vérité, ou de dire la vérité, toute la vérité, ou enfin de dire la vérité, rien que la vérité, est-il nul?

R. — La cour de cassation a établi l'affirmative. (*Arr. du* 18 *février* 1847.

D. — Le jugement du tribunal de police qui, sans motif légitime, a refusé de faire droit à la réquisition du ministère public tendant à la remise de la cause à une prochaine audience ou à quinzaine, pour pouvoir faire entendre l'agent de police qui avait constaté le fait nié par le prévenu, est-il nul?

R. — La cour de cassation a décidé affirmativement. (*Arr. du* 19 *juin* 1846.)

Des Citations.

D. — Un tribunal de police peut-il être saisi d'un fait de contravention par une citation qui n'est pas donnée à la requête du ministère public ou de la partie civile?

R. — La cour de cassation a consacré la négative. (*Arr. du* 23 *juillet* 1807.)

D. — Un tribunal peut-il annuler d'office une citation, par le motif qu'elle a été donnée par un huissier incompétent?

R. — La cour de cassation a établi la négative. (*Arr. du* 23 *février* 1815.)

D. — Le juge-de-paix peut-il prononcer une amende contre un huissier qui a signifié une citation au préjudice de l'huissier spécialement attaché à la justice de paix?

R. — La cour de cassation a établi l'affirmative. (*Arr. du* 5 *décembre* 1822.)

D. — Lorsque les tribunaux de police trouvent que, dans la citation donnée au prévenu, le délai prescrit par les articles 146 et 184 du code d'instruction criminelle, n'a pas été observé, peuvent-ils, dans le cas où le prévenu fait défaut, prononcer la nullité de la citation?

R. — La cour de cassation a consacré l'affirmative. (*Arr. du* 15 *novembre* 1811 : *Sirey, tome* 17.)

D. — Est-il nécessaire, à peine de nullité, que les citations soient motivées?

R. — La cour de cassation a établi l'affirmative. (*Arr. du* 11 *février* 1808.)

D. — Le tribunal de police peut-il statuer sur un fait non compris dans la citation donnée au prévenu par la partie civile et sur lequel le ministère public n'a pris aucune conclusion?

R. — La cour de cassation a établi la négative. (*Arr. du* 29 *février* 1828.)

D. — La citation donnée, soit à la requête du

ministère public, soit à la requête de la partie civile, doit-elle, à peine de nullité, énoncer les faits constitutifs de la prévention, autrement que par la qualification légale du fait?

R. — La cour de cassation a consacré l'affirmative. (*Arr. du* 23 *juillet* 1835 : *Dall. année* 1837.)

D. — La citation directe de la partie civile, suffit-elle pour qu'un tribunal puisse prononcer une peine, lors même que le ministère public n'y a pas conclu?

R. — La cour de cassation a consacré l'affirmative. (*Arr. du* 25 *juin* 1811.)

D. — Une peine peut-elle être prononcée par un tribunal contre une partie qui n'est pas à l'audience et qui n'a pas été citée?

R. — La cour de cassation a établi la négative. (*Arr. du* 2 *août* 1828.)

D. — Une citation devant le tribunal de police est-elle suffisamment libellée, lorsqu'elle porte assignation pour se voir condamner à telle peine, pour avoir contrevenu à telle loi ou tel règlement?

R. — La cour de cassation a établi l'affirmative. (*Arr. du* 23 *avril* 1831.)

D. — Les huissiers de la justice de paix ont-ils le droit exclusif de notifier les citations devant le tribunal de police?

R. — La cour de cassation a établi l'affirmative. (*Arr. du* 2 *frimaire, an XIII*.)

D. — La citation donnée en matière de simple police par un huissier d'un arrondissement autre que celui de la justice de paix du domicile du prévenu, est-elle valable?

R. — La cour de cassation a consacré l'affirmative. (*Arr. des* 23 *février* 1815 *et* 23 *mai* 1817.)

D. — Faut-il une copie pour le prévenu et une autre pour la personne civilement responsable lorsque ces deux parties sont citées à la fois?

R. — L'affirmative paraît résulter des principes généraux qui veulent que toute partie citée soit mise en demeure de connaître l'imputation qui lui est faite; cependant il est de jurisprudence que la comparution de la partie la rendrait non recevable à invoquer la nullité de la citation. (*Arr. de la cour de cassation du* 23 *février* 1815.)

D. — La personne civilement responsable peut-elle être condamnée aux dommages-intérêts, lorsqu'elle a été citée isolément devant le tribunal de police qui n'a pas eu à prononcer sur l'application de la peine?

R. — La cour de cassation a consacré la négative.

D. — Le tribunal qui annule une citation peut-il statuer au fond?

R. — La cour de cassation a établi la négative. (*Arr. du* 11 *février* 1808.)

D. — Le ministère des huissiers est-il nécessaire pour les citations et les significations en matière de délits forestiers?

R. — Le 6 juin 1807, le conseil d'État a décidé que les agents forestiers peuvent se servir des gardes pour ces sortes d'actes.

D. — Un tribunal peut-il être saisi d'une affaire par la comparution volontaire des parties?

R. — La cour de cassation a établi l'affirmative. (*Arr. du* 25 *janvier* 1828 : *Sirey*, *tome* 28.)

D. — La citation donnée à la requête du juge-de-paix, et non du ministère public, oblige-t-elle le prévenu à comparaître, et peut-elle servir de base à un jugement par défaut?

R. — La cour de cassation a établi la négative. (*Arr. du* 26 *prairial an* XII.)

D. — Est-il nécessaire qu'une citation pour injures verbales désigne la personne qui a été injuriée et qu'elle spécifie le fait et la nature des injures?

R. — La cour de cassation a établi l'affirmative. (*Arr. du* 19 *juin* 1828.)

D. — La citation dont la copie a été remise à un voisin qui n'a pas signé l'original, est-elle suffisante pour prouver que la copie est parvenue à la personne citée?

R. — La cour de cassation a établi la négative. (*Arr. du* 15 *novembre* 1830.)

D. — Lorsque l'huissier ne trouve point la partie à son domicile ni aucun de ses parents ou serviteurs, et que les voisins ne veulent pas se charger de la copie ni signer l'original, la citation est-elle régulièrement faite par la remise de la copie au Maire ou à l'Adjoint qui vise l'exploit?

R. — La cour royale de Metz a décidé affirmativement. (*Arr. du* 26 *janvier* 1824.)

D. — Y aurait-il nullité si l'huissier avait remis

la copie au Maire sans constater qu'il s'est préalablement transporté au domicile du prévenu, qu'il n'y a trouvé personne, et qu'aucun voisin n'a voulu recevoir la copie, ni signer l'original?

R. — La cour de cassation a établi l'affirmative. (*Arr. du* 15 *octobre* 1834.)

D. — Le prévenu qui n'a ni domicile ni résidence connue, peut-il être régulièrement cité au parquet du Procureur de la République?

R. — La cour de cassation a établi l'affirmative. (*Arr. du* 7 *décembre* 1837.)

D. — Le prévenu qui refuse de comparaître par un simple avertissement, peut-il être jugé?

R. — La cour de cassation a établi la négative. (*Arr. du* 8 *août* 1840.)

D. — Lorsqu'une citation est nulle, le tribunal doit-il se borner à annuler cette citation, au lieu d'acquitter le prévenu?

R. — La cour de cassation a consacré l'affirmative. (*Arr. des* 11 *février* 1808, *et* 9 *mars* 1832.)

D. — Lorsque le prévenu comparaît au jour et à l'heure indiqués, y a-t-il lieu de prononcer la nullité d'une citation, pour vice de forme?

R. — La cour de cassation a établi la négative. (*Arr. du* 11 *février* 1808.)

De la Responsabilité civile.

D. — Comment se règle la responsabilité civile à l'égard des faits de police?

R. — La responsabilité civile pour des faits de

police se règle par les articles 1383, 1384, 1385, et 1386 du code civil, qui sont ainsi conçus :

» 1383. Chacun est responsable du dommage qu'il a causé » non seulement par son fait, mais encore par sa négligence » ou par son imprudence.

» 1384. On est responsable non seulement du dommage que » l'on cause par son propre fait, mais encore de celui qui » est causé par le fait des personnes dont on doit répondre, » ou des choses qu'on a sous sa garde. — Le père et la mère, » après le décès du mari, sont responsables du dommage » causé par leurs enfants mineurs habitant avec eux. — Les » maîtres et les commettans, du dommage causé par leurs do- » mestiques et préposés dans les fonctions auxquelles ils les » ont employés. — Les instituteurs et les artisans du dommage » causé par leurs élèves et leurs apprentis pendant le temps » qu'ils sont sous leur surveillance. — La responsabilité ci- » dessus a lieu à moins que les père et mère, instituteurs et » artisans ne prouvent qu'ils n'ont pu empêcher le fait qui » donne lieu à cette responsabilité.

» 1385. Le propriétaire d'un animal, ou celui qui s'en » sert pendant qu'il est à son usage, est responsable du dom- » mage que l'animal a causé, soit que l'animal fût sous sa » garde, soit qu'il fût égaré ou échappé.

» 1386. Le propriétaire d'un bâtiment est responsable du » dommage causé par sa ruine lorsqu'elle est arrivée par une » suite du défaut d'entretien ou par le vice de la construction. »

D. — Le propriétaire obligé de reculer ses nouvelles constructions pour se conformer à l'alignement qui lui a été donné par la police, est-il responsable des dégâts que ce reculement cause aux bâtiments contigus, lorsqu'il a fait des ouvrages au moyen desquels il a pourvu autant que possible à la solidité des maisons voisines?

R. — La cour royale de Bordeaux s'est prononcée pour la négative. (*Arr. du* 25 *novembre* 1831.)

D. — Les faits de force majeure entraînent-ils quelque responsabilité ?

R. — La cour de cassation a établi la négative. (*Arr. du* 23 *décembre* 1840 : *journal du palais.*)

D. — Le père est-il responsable du délit commis par son fils mineur quoiqu'il n'habite pas avec lui, mais avec sa mère séparée de fait d'avec son mari ?

R. — La cour de cassation a établi l'affirmative. (*Arr. du* 16 *août* 1841.)

D. — Le mari est-il civilement responsable des injures que sa femme a pu proférer ?

R. — La cour de cassation a établi la négative. (*Arr. des* 20 *janvier* 1823, *et* 18 *novembre* 1824.)

D — Peut-on déclarer le mari responsable des condamnations prononcées contre sa femme en matière de police ?

R. — La cour de cassation a établi la négative. (*Arr. du* 18 *novembre* 1824.)

D. — Le mari est-il civilement responsable des dommages causés par sa femme ?

R. — La cour de cassation a établi l'affirmative. (*Arr. du* 23 *décembre* 1818 : *Sirey*, *tome* 19.)

D. — Le père est-il civilement responsable des délits causés par ses enfants lorsqu'il ne prouve pas qu'il n'a pas pu les empêcher ?

R. — La cour de cassation à établi l'affirmative, mais seulement à l'égard des frais et des dommages-intérêts. (*Arr. des* 4 *septembre* 1823, *et* 4 *février* 1830.

D. — La responsabilité civile s'étend-elle aux condamnations prononcées en vertu de la loi pénale, telles que les amendes?

R. — La cour de cassation a établi qu'elle ne s'appliquait qu'aux dommages-intérêts et aux frais de poursuite. (*Arr. des* 29 *févr.* 1828, *et* 21 *févr.* 1827.)

D. — La responsabilité civile à raison d'un délit de pâturage dans un bois communal, s'étend-elle à l'amende?

R. — La cour de cassation a établi la négative. (*Arr. du* 26 *février* 1820.)

D. — La responsabilité civile à raison des délits commis dans les bois de l'État s'étend-elle aux amendes et aux dommages-intérêts?

R. — La cour de cassation a établi l'affirmative. (*Arr. du* 6 *avril* 1820 : *Sirey*, *tome* 20, *page* 337.)

D. — Le maître peut-il être condamné à raison d'une contravention de police commise par ses domestiques, quoique ces derniers ne soient pas en cause, lorsqu'il reconnaît qu'ils ont agi par ses ordres, ou lorsqu'il ne les désavoue pas?

R. — La cour de cassation a établi l'affirmative. (*Arr. des* 24 *septembre* 1829, 24 *mars* 1848.)

D. — L'individu cité comme civilement responsable des faits de son domestique, peut-il être condamné comme propriétaire des bestiaux trouvés en délit, quoique la citation ne lui donne pas cette qualité, s'il a pris fait et cause pour son domestique?

R. — La cour de cassation a établi l'affirmative. (*Arr. du* 4 *août* 1836.)

D. — Lorsque le domestique a personnellement contrevenu à un règlement de police, le tribunal peut-il prononcer son acquittement et condamner à l'amende le maître qui n'est que civilement responsable, sous le prétexte que le domestique a agi par ses ordres?

R. — La cour de cassation a consacré la négative. (*Arr. du* 6 *octobre* 1832.)

D. — Le maître se trouve-t-il responsable de l'amende encourue par son domestique pour contravention de police?

R. — La cour de cassation a établi qu'il n'était que civilement responsable des dommages-intérêts. (*Arr. du* 9 *juin* 1832.)

D. — Le maître se trouve-t-il responsable des dommages causés par son domestique, lorsque ces dommages ont été commis hors les fonctions auxquelles il l'a employé?

R. — La cour de cassation a établi la négative. (*Arr. du* 9 *juillet* 1807.)

D. — Celui qui a donné à des ouvriers l'ordre de faucher son pré avant l'époque fixée par un arrêté municipal, doit-il être condamné comme auteur de la contravention et non comme civilement responsable, s'il n'a pas assisté au fauchage?

R. — La cour de cassation a décidé qu'il devait être condamné comme auteur de la contravention. (*Arr. du* 6 *mars* 1834.)

D. — La condamnation aux frais doit-elle être prononcée contre les personnes civilement responsables, s'il n'y a pas de partie civile en cause?

R. — La cour de cassation a établi l'affirmative. (*Arr. des* 8 *mars* 1821, 15 *juin* 1832 *et* 19 *mars* 1836.)

D. — Un département peut-il, comme personne civile, être condamné à une amende pour contravention aux lois et règlements sur la grande voirie?

R. — Un arrêt du conseil d'État, du 23 juillet 1841, a établi l'affirmative.

Du Ministère public.

D. — Un juge de police peut-il en l'absence du ministère public instruire une affaire et prononcer un jugement?

R. — La cour de cassation a décidé que l'officier remplissant les fonctions du ministère public, faisant partie intégrante du tribunal de police, il ne peut, en son absence, ni être procédé à l'instruction d'une affaire, ni être rendu de jugement. (*Arr. des* 24 *avril* 1813, *et* 25 *décembre* 1819.)

D. — Si le ministère public, bien qu'il soit à l'audience, refuse de se faire entendre, le tribunal peut-il statuer sans l'avoir entendu?

R. — La cour de cassation s'est prononcée pour la négative. Elle a seulement établi que le juge avait, dans ce cas, le droit de le faire remplacer. (*Arr. des* 8 *octobre* 1808, 9 *juillet* 1825, *et* 29 *février* 1828.)

D. — Le ministère public peut-il être personnellement condamné aux dépens?

R. — La cour de cassation a établi la négative. (*Arr. des* 27 *juin* 1812, 28 *août* 1823 *et* 9 *janvier* 1846.)

D. — Si le ministère public refusait de se rendre au tribunal, le juge pourrait-il donner défaut contre lui?

R. — La cour de cassation a établi la négative. (*Arr. des* 17 *décembre* 1807 *et* 15 *août* 1809.)

D. — Est-il nécessaire, à peine de nullité, que le jugement constate que le ministère public a été entendu?

R. — La cour de cassation a établi l'affirmative. (*Arr. des* 29 *frimaire an XIII*, *et* 5 *novembre* 1807.)

D. — Les conclusions du ministère public favorables à l'accusé, peuvent-elles équivaloir à un désistement et éteindre l'action publique?

R. — La cour de cassation a établi la négative. (*Arr. du* 17 *décembre* 1824.)

D. — Le ministère public peut-il, dans l'intérêt des parties, prendre des conclusions qu'elles n'ont pas prises elles-mêmes?

R. — La cour de cassation s'est prononcée pour la négative. (*Arr. du* 18 *prairial an VII.*)

D. — Doit-il être donné un délai au ministère public pour prouver les contraventions par témoins, en cas d'insuffisance ou d'irrégularité dans les procès-verbaux?

R. — La cour de cassation a établi l'affirmative. (*Arr. des* 25 *mars* 1830, 5 *mars* 1835 : *Dall. année* 1835, 2 *octobre* 1846 *et* 4 *mars* 1848.)

D. — Les aveux des prévenus font-ils preuve contr'eux, en cas de nullité ou d'irrégularité d'un procès-verbal ?

R. — La cour de cassation a établi l'affirmative. (*Arr. du 5 février* 1825.)

D. — Un tribunal peut-il prononcer la nullité d'un procès-verbal bien qu'elle ne soit demandée ni par le prévenu, ni par le ministère public?

R. — La cour de cassation s'est prononcée pour l'affirmative. (*Arr. du 5 mars* 1835.)

D. — Lorsque le ministère public n'a dirigé de poursuites que sur la plainte de la partie privée, s'il arrive que la plainte soit annulée ou déclarée non avenue, peut-il requérir la continuation des procédures?

R. — La cour de cassation a consacré l'affirmative. (*Arr. du 9 janvier* 1808.)

D. — En matière de simple police le juge peut-il s'empêcher de statuer sur la demande du ministère public tendante à prouver qu'un fait incriminé a un tel caractère denié par le prévenu?

R. — La cour de cassation a consacré la négative. (*Arr. du 8 décembre* 1832.)

D. — Un tribunal de police peut-il renvoyer un prévenu des poursuites, par l'unique motif que le ministère public s'est désisté de l'action?

R. — La cour de cassation a établi la négative. (*Arr. du 6 décembre* 1834 : *Dall. année* 1835.)

D.— L'Adjoint du Maire a-t-il besoin, pour remplir les fonctions du ministère public, d'une délégation par écrit du Maire?

R. — La cour de cassation a établi l'affirmative. (*Arr. du* 20 *août* 1812.)

D. — Si un membre du conseil municipal était désigné par le Maire pour remplir les fonctions du ministère public, pourrait-il légalement remplir ces fonctions?

R. — La cour de cassation s'est prononcée pour la négative, attendu que ce droit n'appartient qu'au Procureur de la République. (*Arr. du* 25 *février* 1830.)

D. — Le ministère public doit-il dans ses conclusions requérir la condamnation aux dépens de la personne civilement responsable ?

R. — La cour de cassation a établi l'affirmative. (*Arr. du* 28 *novembre* 1828.)

D. — Les conclusions du ministère public sont-elles indispensables pour que le tribunal puisse prononcer l'amende et ordonner les moyens de contraindre des témoins à venir déposer à l'audience?

R. — Affirmativement : *Voyez*, *Carnot, instruction criminelle*, *tome* 1er, *page* 675.

D. — Les juges peuvent-ils ne pas employer les moyens coercitifs que la loi met à leur disposition, pour obliger les témoins à comparaître, lors même qu'ils sont cités à la requête du ministère public?

R. — La cour de cassation a établi l'affirmative. (*Arr. du* 11 *août* 1827 : *Sirey, tome* 27.)

D. — Lorsque, pour fait d'injures, la partie

offensée garde le silence, le ministère public est-il obligé d'agir d'office pour faire condamner l'auteur des injures ?

R. — La cour de cassation a établi l'affirmative. (*Arr. du 23 fructidor an X.*)

D. — Le ministère public près le tribunal de police a-t-il seul le droit d'interjeter appel des jugements émanés de ce tribunal, dans l'intérêt de la vindicte publique ?

R. — La cour de cassation a établi l'affirmative. (*Arr. du 7 novembre* 1812.)

D. — Lorsque le ministère public a déclaré dans les formes et dans les délais prescrits un pourvoi en cassation, peut-il se désister ?

R. — La cour de cassation a consacré la négative, par la raison que l'action publique appartient à la société et non au fonctionnaire public chargé par la loi de l'exercer. (*Arr. du* 3 *janvier* 1834.)

D. — Le délai de trois jours, prescrit par le code d'instruction criminelle pour la notification du pourvoi en cassation, est-il prescrit à peine de nullité ?

R. — La cour de cassation a établi la négative. (*Arr. des* 14 *septembre* 1832 *et* 2 *mars* 1838.)

D. — Si le tribunal de police a prononcé non pas la condamnation mais le renvoi du prévenu, le ministère public doit-il faire appel, ou se pourvoir en cassation ?

R. — La cour de cassation a décidé que le ministère public ne pouvait jamais faire appel, et que la voie de cassation était la seule qui lui fût ouverte pour faire réformer les jugements. (*Arr. des 10 avril 1812 et 20 février 1829.*)

D. — Les jugements en matière de police peuvent-ils être attaqués par la voie de cassation avant l'expiration du délai de l'opposition?

R. — La cour de cassation a établi la négative. (*Arr. du 10 frimaire an XIII.*)

D. — Le ministère public est-il recevable à se pourvoir en cassation contre un jugement avant de l'avoir fait notifier aux condamnés et avant le délai que la loi leur donne pour qu'ils puissent user de leurs droits?

R. — La cour de cassation a établi la négative. (*Arr. du 23 juillet 1842.*)

D. — La déclaration de se pourvoir en cassation faite par le ministère public à l'audience, emporte-t-elle notification suffisante au prévenu?

R. — La cour de cassation a établi l'affirmative. (*Arr. du 21 avril 1820.*)

D. — Le ministère public pourrait-il se pourvoir en cassation contre un jugement qui aurait été rendu conformément à ses conclusions?

R. — La cour de cassation a établi l'affirmative. (*Arr. des 7 janvier et 25 février 1813.*)

D. — Quelle est la voie à suivre par le ministère public pour exercer un recours en cassation contre un jugement de police?

R. — Pour exercer un recours en cassation, le ministère public doit : 1° Exiger du greffier la minute du jugement contre lequel il veut exercer son recours, 24 heures après qu'il a été rendu;

2° Exiger du greffier la note tenue à l'audience et la copie du procès-verbal ;

3° Faire sa déclaration de recours au greffe, la signer avec le greffier et la faire notifier par un huissier à la partie contre laquelle le recours doit être exercé, dans les trois premiers jours qui suivent le prononcé du jugement ;

4° Faire sa requête pour combattre les conclusions et les motifs allégués sur le jugement ;

5° Faire dresser ensuite un inventaire de toutes ces pièces, par le greffier, et envoyer le tout au ministre de la justice.

D. — Un jugement du tribunal de police constatant que le ministère public n'a été ni entendu ni mis en demeure de s'expliquer, est-il nul ?

R. — La cour de cassation a établi l'affirmative. (*Arr. du* 18 *décembre* 1846.)

D.—Lorsque le tribunal de simple police se transporte sur les lieux contentieux en vertu d'un jugement préparatoire ou interlocutoire, le Commissaire de police, qui fait partie intégrante de ce tribunal, doit-il accompagner le Juge-de-paix, même hors du territoire de la commune pour laquelle ce Commissaire est institué ?

R. — La cour de cassation a établi l'affirmative. (*Arr. du* 3 *août* 1809.)

Du Greffier.

D. — Quelles sont les principales fonctions du greffier de police ?

R. — Les principales fonctions du greffier de police sont :

1° De donner lecture des rapports et procès-verbaux ;

2° De tenir note du serment des témoins, de leurs noms, prénoms, âge, profession, demeure, et de leurs principales déclarations ;

3° D'écrire le jugement et d'en faire signer la minute, dans les 24 heures au juge-de-paix ;

4° De conserver ces minutes, ainsi que les procès-verbaux et rapports ;

5° De délivrer aux parties des copies ou expéditions de jugements ;

6° De délivrer sans frais, chaque trimestre, l'extrait des jugements prononçant peine d'emprisonnement, pour que le juge de police le transmette ensuite au procureur de la République de l'arrondissement ;

7° De recevoir sur un registre la déclaration par laquelle le condamné, la partie civile ou le ministère public se pourvoit en cassation ;

8° De remettre à l'officier faisant fonction de ministère public, la minute du jugement contre lequel il veut se pourvoir, 24 heures après qu'il a été rendu, ainsi que la note tenue à l'audience et la copie du procès-verbal ou rapport ;

9° De faire un inventaire de toutes les pièces relatives au pourvoi ;

10° De remettre au receveur de l'enregistrement et des domaines du canton, une note des jugements prononçant une amende, afin que celui-ci puisse en poursuivre le recouvrement.

D. — En matière de police, le greffier doit-il, à peine de nullité, assister au jugement?

R.— La cour de Cassation a décidé que le greffier faisant partie intégrante du tribunal, tout ce qui serait fait en son absence devrait être nul. (*Arr. des* 16 *Mars* 1809 *et* 25 *Février* 1819.)

D. — La disposition concernant les notes que le greffier est obligé de tenir, est-elle prescrite à peine de nullité?

R.—La cour de cassation a établi la négative par un *arrêt du* 12 *septembre* 1812; mais elle a établi l'affirmative par *arrêts des* 4 *février* 1826 : Sirey, t. 26, p. 348, et 3 *novembre* 1827 : Sirey, t. 28, p. 179.

Du Juge et des Jugements.

D. — Combien y a-t-il de sortes de jugements?

R.—Bien que l'art. 163 du code d'instruction criminelle, ne parle que de jugements définitifs de condamnation, il y en a cependant de sept espèces. Il y a le jugement contradictoire, le jugement par défaut, le jugement préparatoire, le jugement interlocutoire, le jugement définitif, le jugement en premier ressort, et le jugement en dernier ressort.

D. — Un jugement qui prononce une condamnation, doit-il à peine de nullité contenir les termes de la loi dont il fait l'application?

R. — La cour de cassation a établi l'affirmative. (*Arr. des* 19 *juin* 1828 *et* 17 *janvier* 1829.)

D. — Un jugement de condamnation qui, au lieu de contenir l'insertion de la loi pénale appliquée, relate seulement l'article de la loi qui détermine d'une manière générale les peines de simple police, est-il nul?

R. — La cour de cassation a établi l'affirmative. (*Arr. des* 10 *octobre* 1810 *et* 2 *juillet* 1813.)

D. — Un jugement serait-il nul s'il contenait seulement le texte du règlement auquel il a été contrevenu, et non le texte de la loi qui réprime la contravention?

R. — La cour de cassation a établi l'affirmative. (*Arr. du* 17 *janvier* 1829.)

D. — Est-il nécessaire, à peine de nullité, qu'un jugement contienne textuellement l'art. de l'arrêté auquel le prévenu a contrevenu?

R. — La cour de cassation a établi la négative. (*Arr. du* 3 *juillet* 1835.)

D. — Un jugement qui acquitte le prévenu sans constater qu'il n'a pas commis la contravention à lui imputée, contient-il une violation de la loi qui aurait dû être appliquée?

R. — La cour de cassation a établi l'affirmative. (*Arr. du* 25 *Messidor an VII.*)

D. — Lorsque le tribunal de police saisi de plusieurs chefs de demande ne statue explicitement que sur l'un d'eux, son jugement est-il nul, à défaut de motifs, sur les chefs qu'il a passés sous silence?

R. — La cour de cassation a établi l'affirmative. (*Arr. du* 29 *février* 1828.)

D. — Les tribunaux de police peuvent-ils ordonner d'office l'impression et l'affiche de leurs jugements?

R. — La cour de cassation a établi la négative. (*Arr. du* 17 *fructidor an IX.*)

D. — Un jugement de police qui ne prononce ni emprisonnement ni condamnation pécuniaire au-dessus de 5 francs, est-il susceptible d'appel?

R. — La cour de cassation a établi la négative. (*Arr. du* 3 *septembre* 1811.)

D. — Un juge peut-il baser sa décision sur la connaissance personnelle qu'il a prise des lieux où la contravention a été commise où du dommage causé, en l'absence des parties, et sans l'observation des formalités prescrites par le code de procédure civile?

R. — La cour de cassation a établi la négative. (*Arr. des* 13 *septembre* 1834 : *Sirey*, *tome* 35, 27 *septembre* 1833 : *Dall.*, 6 *décembre* 1834 : *Dall. année* 1835 *et* 11 *juin* 1842, *Gazette des tribunaux.*)

D. — Un tribunal peut-il prononcer la nullité d'un procès-verbal bien qu'elle ne soit pas demandée par le prévenu?

R. — La cour de cassation a consacré l'affirmative. (*Arr. du* 5 *mars* 1835 : *Dall. année* 1835.)

D. — Un jugement qui prononce une condamnation à cinq francs d'amende et aux dépens est-il susceptible d'appel, lorsque les dépens sont adjugés à titre de réparations civiles?

R. — La cour de cassation a établi l'affirmative. (*Arr. du* 11 *septembre* 1818.)

D. — Le jugement de simple police qui ordonne des travaux d'une valeur indéterminée, est-il susceptible d'appel, bien qu'il ne prononce qu'une amende de un franc?

R. — La cour de cassation a établi l'affirmative. (*Arr. du* 3 *mai* 1833.)

D. — Un jugement qui, en condamnant un prévenu à 5 francs d'amende, ordonne, en outre, la démolition de travaux par lui confectionnés en contravention, est-il susceptible d'appel?

R. — La cour de cassation a établi l'affirmative. (*Arr. des* 8 *janvier et* 25 *juin* 1830.)

D. — Les faits qui constituent une contravention prévue par le code pénal, doivent-ils être punis conformément aux dispositions du 4e livre du code pénal.

R. — La cour de cassation a établi l'affirmative. (*Arr. du* 3 *septembre* 1825.)

D. — Lorsqu'un tribunal de police reconnaît que, dans le fait porté devant lui, il n'y a ni délit ni contravention, doit-il se borner à annuler la citation, sans rien statuer sur la compétence de l'autorité qui aurait dû être saisie?

R. — La cour de cassation a établi l'affirmative. (*Arr. du* 29 *janvier* 1813 : *Sirey*, *tome* 20, *page* 310.)

D. — Un tribunal de police peut-il, sur le seul vu de l'information écrite devant le juge d'instruction, déclarer un prévenu coupable?

R. — La cour de cassation a consacré la négative. Elle a décidé qu'il ne pouvait jamais être prononcé de condamnation qu'après une instruction publique et orale, à peine de nullité de jugement. (*Arr. du 29 décembre 1815.*)

D. — Lorsqu'un juge de police a prononcé comme juge civil sur une contravention de la compétence du tribunal de police, l'appel du jugement est-il recevable pendant trois mois comme en matière civile?

R. — La cour de cassation a consacré l'affirmative. (*Arr. du 26 décembre 1826 : Sirey, tome 27.*)

D. — La partie qui veut appeler d'un jugement du tribunal de police rendu contr'elle, sur la plainte du ministère public, doit-elle signifier son appel à ce ministère public, ou au Procureur de la République?

R. — Aucune forme spéciale n'ayant été tracée pour l'appel d'un jugement de police, l'appel est régulier quoiqu'il soit signifié au Procureur de la République, si la signification porte citation pour comparaître dans le délai prescrit par la loi. (*Arr. des 1er juillet 1826, 19 septembre 1834, et 27 août 1825.*)

D. — Les tribunaux de police peuvent-ils annuler leurs jugements définitifs?

R. — La cour de cassation a établi la négative. (*Arr. du 1er avril 1813.*)

D. — Le tribunal de police peut-il ordonner que les plaidoiries auront lieu à huis clos, si les faits sur lesquels porte le débat paraissent de nature à blesser la morale publique?

R. — La cour de cassation a établi l'affirmative. (*Arr. des* 12 *juin* 1839 *et* 16 *novembre* 1825.)

D. — Un juge de police qui aurait un intérêt personnel à la contestation, peut-il être recusé?

R. — La cour de cassation a établi l'affirmative. (*Arr. du* 4 *novembre* 1824 : *Dall. année* 1825.)

D. — Un jugement rendu contre une partie qui après avoir comparu à une première audience, ne se présente pas à celle où l'affaire a été ajournée, est-il par défaut?

R. — Un jugement du tribunal de police de Paris, inséré dans la Gazette des tribunaux, le 27 janvier 1837, a consacré l'affirmative.

D. — L'amende encourue par plusieurs individus pour une même contravention doit-elle être prononcée contre chacun d'eux individuellement?

R. — La cour de cassation a établi l'affirmative. (*Arr. du* 7 *décembre* 1826 : *Sirey, tome* 27.)

D. — Est-il permis de condamner aux dépens seulement la partie qui succombe?

R. — La cour de cassation a établi la négative. Elle a décidé que toute partie qui succombe doit être condamnée à l'amende et aux frais. (*Arr. du* 24 *octobre* 1825.)

D. — Lorsque la loi ne détermine pas la peine ou l'amende dont une contravention est passible, doit-on, s'il n'y a pas des circonstances aggravantes, appliquer la plus faible des peines ou amendes de police?

R. — La cour de cassation a établi l'affirmative. (*Arr. du* 28 *août* 1832.)

D. — Lorsque la loi a déterminé deux peines cumulativement pour la répression d'un délit, les tribunaux peuvent-ils prononcer l'une et remettre l'autre?

R. — La cour de cassation a consacré la négative. (*Arr. du* 23 *octobre* 1807.)

D. — En cas de conviction de plusieurs contraventions, la punition de l'une d'elles peut-elle effacer les autres?

R. — La cour de cassation, par arrêts des 25 mars 1837, 15 janvier 1841 et 13 mai 1841, avait décidé affirmativement cette question, en s'appuyant sur l'article 365 du code d'instruction criminelle; mais, par arrêt du 7 juin 1842, la même cour, chambres réunies, a jugé que l'article 365 du code d'instruction criminelle n'était pas applicable aux contraventions poursuivies devant le tribunal de police.

D. — La peine que doit prononcer le tribunal peut-elle s'étendre jusqu'à la démolition des ouvrages faits à une maison sujette à reculement, recrépie sans autorisation?

R. — La cour de cassation a établi l'affirmative. (*Arr. des* 23 *juillet* 1835 : *Dall. année* 1835 *et* 26 *mars* 1830 : *Sirey*, *tome* 30.)

D. — Les juges de police peuvent-ils ne pas employer les moyens coercitifs que la loi met à leur disposition, pour obliger les témoins à comparaître lors même qu'ils sont cités à la requête du ministère public?

R. — La cour de cassation a établi l'affirmative. (*Arr. du* 11 *août* 1827 : *Sirey*, *tome* 28.)

D. — Le tribunal de police peut-il statuer sur un fait non compris dans la citation donnée au prévenu par la partie civile, et sur lequel le ministère public n'a pris aucunes conclusions?

R. — La cour de cassation a établi la négative. (*Arr. du* 29 *février* 1828 : *Sirey*, *tome* 28.)

D. — Lorsque des dommages-intérêts ont été demandés pour fait de calomnie et que le tribunal n'a vu dans ce fait que celui d'injures, doit-il néanmoins accorder des dommages-intérêts?

R. — La cour de cassation s'est prononcée pour l'affirmative. (*Arr. du* 22 *octobre* 1819 : *Dall.* 1819.)

D. — Si le tribunal de police a prononcé, non pas la condamnation, mais le renvoi du prévenu, y a-t-il lieu à l'appel, ou simplement au pourvoi en cassation?

R. — La cour suprême a décidé que la voie de l'appel n'est pas ouverte, par le motif que la faculté d'appeler étant réglée d'après la condamnation qui a dû être prononcée, elle n'est relative qu'aux individus condamnés; de telle sorte que ces jugements sont en dernier ressort à l'égard du ministère public, qui ne peut dès-lors les attaquer que par la voie de cassation. (*Arr. des* 10 *avril* 1812 *et* 20 *février* 1829.)

D. — La constatation dans un jugement, des

injures proférées à une audience équivaut-elle à la constatation de ces injures par procès-verbal ?

R. — La cour de cassation a établi l'affirmative. (*Arr. du* 10 *avril* 1817.)

D. — Les injures adressées par l'une des parties, pendant la durée de l'audience, soit à l'avocat ou à l'avoué de son adversaire, soit à son adversaire lui-même, constituent-elles un délit d'audience qui doive être réprimé sur le champ, soit d'office par le tribunal, soit sur la plainte que la partie lésée est tenue de faire à l'instant même?

R. — La cour de cassation a établi l'affirmative) (*Arr. du* 16 *août* 1806.)

D. — Les individus condamnés pour le même crime ou délit, sont-ils tenus solidairement des amendes, restitutions, dommages-intérêts et frais?

R. — La cour de cassation a établi l'affirmative. (*Arr. du* 28 *août* 1846 : *journal du palais, année* 1847.)

D. — La solidarité s'étend-elle à l'amende comme aux frais, lorsque deux prévenus sont déclarés coupables du même délit et qu'ils l'ont commis ensemble, dans le même lieu, dans le même temps et envers les mêmes personnes?

R. — La cour de cassation a établi l'affirmative. (*Arr. du* 3 *novembre* 1827 : *Sirey, tome* 28. *Voyez aussi l'article* 55 *du code pénal.*)

D. — La solidarité ne peut-elle être prononcée que contre des individus qui ont concouru au même fait de contravention ?

R. — La cour de cassation a consacré l'affirmative. (*Arr. du* 21 *avril* 1813 : *Sirey*, *tome* 13.)

D. — Les complices d'une contravention doivent-ils être poursuivis et punis comme l'auteur lui-même?

R. — La cour de cassation a décidé qu'il ne pouvait exister de complices que pour les crimes et délits, et jamais pour faits de contravention. (*Arr. du* 21 *avril* 1826 : *Dall. année* 1826.)

La même cour a cependant, par différents arrêts, établi une sorte d'exception, pour les complices de bruits ou tapages injurieux ou nocturnes.

D. — Les jugements doivent-ils constater, à peine de nullité, qu'ils ont été rendus publiquement?

R. — La cour de cassation a établi l'affirmative. (*Arr. du* 15 *décembre* 1827.)

D. — En matière de délits ruraux et de délits forestiers, le juge de police peut-il, au moyen de circonstances atténuantes, diminuer la peine?

R. — La cour de cassation a établi la négative. (*Arr. des* 19 *février* 1813, *et* 11 *juillet* 1817.)

Elle a décidé que l'article 463 du code pénal était inapplicable aux délits prévus par des lois spéciales, s'il n'existait une disposition expresse qui l'ordonnât. (*Arr. des* 27 *septembre* 1832, 22 *juin* 1833 *et* 7 *septembre* 1837.)

D. — Le juge de police peut-il, attendu les circonstances atténuantes, appliquer à une contravention de 3me classe, la peine d'une contravention de 1re classe?

R. — La cour de cassation a établi l'affirmative. (*Arr. du mois de mars* 1833.)

D. — La peine d'emprisonnement doit-elle être prononcée pour une contravention à l'article 471 du code pénal, commise en récidive, lorsque le tribunal ne reconnaît pas l'existence de circonstances atténuantes?

R. — La cour de cassation a établi l'affirmative. (*Arr. du* 9 *septembre* 1841.)

D. — Lorsqu'il y a eu infraction aux lois et règlements de police, y a-t-il nécessité de punir l'infracteur, quand même il aurait eu du Maire une permission contraire à ces lois et règlements?

R. — La cour de cassation a établi l'affirmative. (*Arr. du* 1er *juillet* 1830.)

D. — Les tribunaux ont-ils le droit de censurer ou de réformer les règlements faits par les corps municipaux sur des objets confiés à leur vigilance?

R. — La cour de cassation a établi la négative. (*Arr. du* 1er *février* 1822.)

D. — Les tribunaux doivent-ils prononcer des peines pour les infractions aux règlements, si ces règlements ne se rattachent à l'exécution d'une loi existante?

R. — La cour de cassation a établi la négative. (*Arr. des* 3 *août* 1810 *et* 17 *janvier* 1829.)

D. — Un tribunal de police peut-il, sans excès de pouvoir, blâmer dans un jugement la manière dont un maire a rempli ses devoirs?

R. — La cour de cassation a établi la négative. (*Arr. du* 25 *avril* 1834.)

D. — Un tribunal qui a sursis à prononcer sur une question jusqu'à ce qu'un acte administratif ait été interprété, peut-il statuer au fond avant que l'autorité administrative ait prononcé sur l'interprétation qui lui a été renvoyée ?

R. — La cour de cassation a établi la négative. (*Arr. du* 20 *décembre* 1843 : *Sirey*, *tome* 44, *page* 157.)

D. — Le complice est-il solidairement tenu des réparations et dommages-intérêts de la partie civile, lorsque les faits appartiennent à l'auteur principal ?

R. — La cour de cassation a établi l'affirmative. (*Arrêt du* 2 *février* 1843.)

D. — Les tribunaux de répression sont-ils compétents pour interpréter un arrêté du préfet contenant règlement de police ?

R. — La cour de cassation a établi l'affirmative. (*Arr. du* 29 mai 1846.)

D. — Les peines de police doivent-elles être appliquées aux contrevenants à une ordonnance qui prescrit la cessation de travaux de bocards établis sur un ruisseau, jusqu'à ce qu'une autorisation ait été obtenue ?

R. — La cour de cassation a établi l'affirmative. (*Arr. du* 27 *janvier* 1837.)

D. — Les tribunaux de simple police ont-ils le droit de vérifier la forme extrinsèque des arrêtés municipaux et de leur refuser toute sanction, lorsqu'ils ont été pris hors du cercle des attributions municipales ?

R. — La cour de cassation a établi l'affirmative.

(*Arr. des* 3 *août* 1810, 11 *juin* 1818, 13 *août* 1819. 7 *mars* 1835 *et* 7 *janvier* 1839.)

D. — Un juge de police peut-il déclarer dans un jugement qu'un procès-verbal dressé par un maire est vexatoire et contient haine et partialité contre un justiciable?

R. — La cour de cassation a établi la négative. (*Arr. du* 23 *février* 1847 : *journal du palais.*)

D. — Les auteurs de contravention à des arrêtés qui ordonnent, à certaines époques de l'année, la fermeture de colombiers, doivent-ils être relaxés par les tribunaux de police, par le motif que la loi du 4 août 89 ne prononce aucune peine contr'eux?

R. — La cour de cassation a consacré la négative, attendu que l'art 471, n° 15, du code pénal, qui pose une règle générale, est applicable aux arrêtés sur cet objet. (*Arr. des* 5 *février* 1845 *et* 7 *novembre* 1844.)

D. — Le jugement du tribunal de police constatant que le ministère public n'a été ni entendu ni mis en demeure de s'expliquer, est-il nul?

R. — La cour de cassation a établi l'affirmative. (*Arr. du* 18 *décembre* 1846 : *journal du palais.*)

D. — Un jugement de simple police qui prononce une condamnation d'une valeur indéterminée, peut-il être attaqué par la voie de l'appel ou par le recours en cassation?

R. — La cour de cassation a établi qu'il ne pouvait être attaqué que par la voie de l'appel. (*Arr. du* 20 *février* 1847 : *journal du palais.*)

D. — Les juges de police peuvent-ils faire saisir les personnes qui, par des signes d'approbation ou d'improbation, exciteraient du tumulte pendant la tenue de l'audience?

R. — Les lois des 17 avril 1791, 9 septembre 1835 et les articles 304 et 509 du code pénal, établissent l'affirmative.

LIVRE QUATRIÈME

DU CODE PÉNAL.

Contraventions de police et Peines.

(Loi décrétée le 20 février 1810, promulguée le 2 mars suivant.)

CHAPITRE Ier. *Des Peines.*

464. Les peines de police sont : — l'emprisonnement, — l'amende, — et la confiscation de certains objets saisis.

465. L'emprisonnement, pour contravention de police, ne pourra être moindre d'un jour, ni excéder cinq jours, selon les classes, distinctions et cas ci-après spécifiés. — Les jours d'emprisonnement sont des jours complets de 24 heures.

466. Les amendes pour contravention pourront être prononcées depuis un franc jusqu'à quinze francs inclusivement, selon les distinctions et classes

ci-après spécifiées, et seront appliquées au profit de la commune où la contravention a été commise.

467. La contrainte par corps a lieu pour le paiement de l'amende, néanmoins le condamné ne pourra être, pour cet objet, détenu plus de 15 jours, s'il justifie de son insolvabilité.

468. En cas d'insuffisance des biens, les restitutions et les indemnités dues à la partie lésée sont préférées à l'amende.

469. Les restitutions, indemnités et frais entraîneront la contrainte par corps, et le condamné gardera prison jusqu'à parfait paiement: néanmoins, si les condamnations sont prononcées au profit de l'État, les condamnés pourront jouir de la faculté accordée par l'article 467, dans le cas d'insolvabilité prévu par cet article.

470. Les tribunaux de police pourront aussi, dans les cas déterminés par la loi, prononcer la confiscation, soit des choses saisies en contravention, soit des matières ou des instruments qui ont servi ou étaient destinés à le commettre.

CHAPITRE II.

Des Contraventions et Peines.

SECTION PREMIÈRE.

PREMIÈRE CLASSE.

471. Seront punis d'amende, depuis un franc jusqu'à cinq francs inclusivement:

1° Ceux qui auront négligé d'entretenir, réparer ou nettoyer les fours, cheminées ou usines où l'on fait usage du feu ;

2° Ceux qui auront violé la défense de tirer, en certains lieux, des pièces d'artifice ;

3° Les aubergistes et autres qui, obligés à l'éclairage, l'auront négligé ; ceux qui auront négligé de nettoyer les rues ou passages, dans les communes où ce soin est laissé à la charge des habitants;

4° Ceux qui auront embarrassé la voie publique, en y déposant ou y laissant sans nécessité, des matériaux ou des choses quelconques qui empêchent ou diminuent la liberté ou la sureté du passage ; ceux qui, en contravention aux lois et règlements, auront négligé d'éclairer les matériaux par eux entreposés ou les excavations par eux faites dans les rues et places ;

5° Ceux qui auront négligé ou refusé d'exécuter les règlements ou arrêtés concernant la petite voirie, ou d'obéir à la sommation émanée de l'autorité administrative, de réparer ou démolir les édifices menaçant ruine ;

6° Ceux qui auront jeté ou exposé au-devant de leurs édifices des choses de nature à nuire par leur chute ou par des exhalaisons insalubres ;

7° Ceux qui auront laissé dans les rues, chemins, places, lieux publics, ou dans les champs, des coutres de charrue, pinces, barres, barreaux, ou autres machines, ou instruments, ou armes dont puissent abuser les voleurs ou autres malfaiteurs ;

8° Ceux qui auront négligé d'écheniller dans les campagnes ou jardins où ce soin est prescrit par la loi ou les règlements ;

9° Ceux qui, sans autre circonstance prévue par les lois, auront cueilli ou mangé, sur le lieu même, des fruits appartenant à autrui ;

10° Ceux qui, sans autre circonstance, auront glané, ratelé ou grapillé dans les champs non encore entièrement dépouillés et vidés de leurs récoltes, ou avant le moment du lever ou après celui du coucher du soleil ;

11° Ceux qui, sans avoir été provoqués, auront proféré contre quelqu'un des injures, autres que celles prévues depuis l'art. 367 jusques et compris l'art. 278.

12° Ceux qui imprudemment auront jeté des immondices sur quelque personne ;

13° Ceux qui n'étant ni propriétaires, ni usufruitiers, ni locataires, ni fermiers, ni jouissant d'un terrain ou d'un droit de passage, ou qui n'étant ni agents, ni préposés d'aucune de ces personnes, seront entrés et auront passé sur ce terrain, ou sur partie de ce terrain, s'il est préparé ou ensemencé.

14° Ceux qui auront laissé passer leurs bestiaux ou leurs bêtes de traits, de charge ou de monture, sur le terrain d'autrui, avant l'enlèvement de la récolte ;

15° Ceux qui auront contrevenu aux règlements légalement faits par l'autorité administrative, et ceux qui ne se seront pas conformés aux règlements ou arrêtés publiés par l'autorité municipale, en vertu des articles 3 et 4, titre 11 de la loi du 16-24 août 1790, et de l'article 46, titre 1er de la loi du 19-22 juillet 1791.

472. Seront en outre confisquées, les pièces d'artifice saisies dans le cas n° 2 de l'article 471, les coutres, les instruments et les armes mentionnées dans le n° 7 du même article.

473. La peine d'emprisonnement pendant trois jours au plus, pourra de plus être prononcée, selon les circonstances, contre ceux qui auront tiré des pièces d'artifice, contre ceux qui auront glané, ratelé ou grapillé en contravention au n° 10 de l'article 471.

474. La peine d'emprisonnement contre toutes les personnes mentionnées en l'article 471 aura toujours lieu, en cas de récidive, pendant trois jours au plus.

SECTION DEUXIÈME.

DEUXIÈME CLASSE.

475. Seront punis d'amende, depuis six francs jusqu'à dix francs inclusivement :

1° Ceux qui auront contrevenu aux bans de vendanges ou autres bans autorisés par les règlements ;

2° Les aubergistes hôteliers, logeurs ou loueurs de maisons garnies, qui auront négligé d'inscrire de suite et sans aucun blanc, sur un registre tenu régulièrement, les noms, qualités, domicile habtiuel, dates d'entrée et de sortie de toute personne qui aurait couché ou passé une seule nuit dans leurs maisons ; ceux d'entr'eux qui auraient manqué à représenter ce registre aux époques déterminées par les règlements, ou lorsqu'ils en auraient été requis, aux maires, adjoints ou commissaires de police, ou aux citoyens commis à cet effet ; le tout sans préjudice des cas de responsabilité mentionnés en l'art. 73 du présent code, relativement aux crimes ou délits de ceux qui, ayant logé ou séjourné chez eux, n'auraient pas été régulièrement inscrits ;

3° Les rouliers, charretiers, conducteurs de voitures quelconques ou de bêtes de charge, qui auraient contrevenu aux règlements par lesquels ils sont obligés de se tenir constamment à portée de leurs chevaux, bêtes de trait ou de charge et de leurs voitures, et en état de les guider et conduire ; d'occuper un seul côté des rues, chemins ou voies publiques ; de se détourner ou ranger devant toutes autres voitures, et, à leur approche, de leur laisser libre au moins la moitié des rues, chaussées, routes et chemins ;

4° Ceux qui auront fait ou laissé courir des chevaux, bêtes de trait, de charge ou de monture, dans l'intérieur d'un lieu habité, ou violé les règlements contre le chargement, la rapidité ou la mauvaise direction des voitures ; ceux qui contreviendront aux dispositions des ordonnances et règlements ayant pour objet la solidité des voitures publiques ; leur poids, le mode de leur chargement, le nombre et la sûreté des voyageurs, l'indication, dans l'intérieur des voitures, des places qu'elle contiennent et du prix des places ; l'indication, à l'extérieur, du nom du propriétaire. (*Loi du* 28 *avril* 1833.)

5° Ceux qui auront établi ou tenu dans les rues, chemins, places ou lieux publics, des jeux de loterie ou d'autres jeux de hazard ;

6° Ceux qui auront vendu ou détaillé des boissons falsifiées, sans préjudice des peines plus sévères qui seront prononcées par les tribunaux de police correctionnelle, dans le cas où elles contiendraient des mixtions nuisibles à la santé ;

7° Ceux qui auraient laissé divaguer des fous ou des furieux étant sous leur garde, ou des animaux malfaisans ou féroces ; ceux qui auront excité et n'auront pas retenu leurs chiens, lorsqu'ils attaquent ou poursuivent les passants, quand même il n'en serait résulté aucun mal ni dommage ;

8° Ceux qui auront jeté des pierres ou d'autres corps durs ou des immondices contre les maisons, édifices et clôtures d'autrui, ou dans les jardins ou enclos, et ceux aussi qui auraient volontairement jeté des corps durs ou des immondices sur quelqu'un ;

9° Ceux qui, n'étant propriétaires, usufrutiers, ni jouissant d'un terrain ou d'un droit de passage, y sont entrés et y ont passé dans le temps où ce terrain était chargé de grains en tuyaux, de raisins ou autres fruits mûrs ou voisins de la maturité ;

10° Ceux qui auraient fait ou laisser passer des bestiaux, animaux de trait, de charge ou de monture, sur le terrain d'autrui, ensemencé ou chargé d'une récolte, en quelque saison que ce soit, ou dans un bois taillis appartenant à autrui;

11° Ceux qui auraient refusé de recevoir les espèces et monnaies nationales, non fausses ni altérées, selon la valeur pour laquelle elles ont cours:

12° Ceux qui, le pouvant, auront refusé ou négligé de faire les travaux, le service, ou de prêter le secours dont-ils auront été requis, dans les circonstances d'accidents, tumultes, naufrage, inondation, incendie ou autres calamités, ainsi que dans les cas de brigandages, pillages, flagrants délits, clameur publique ou d'exécution judiciaire;

13° Les personnes désignées aux articles 248 et 288 du présent code;

14° Ceux qui exposent en vente des comestibles gâtés, corrompus ou nuisibles;

15° Ceux qui dérobent, sans aucune des circonstances prévues en l'art. 388, des récoltes ou autres productions utiles de la terre qui, avant d'être soustraites, n'étaient pas encore détachées du sol.

476. Pourra, suivant les circonstances, être prononcé, outre l'amende portée en l'article précédent, l'emprisonnement pendant trois jours au plus, contre les rouliers, charretiers, voituriers et conducteurs en contravention; contre ceux qui auront contrevenu aux règlements ayant pour objet, soit la rapidité, la mauvaise direction ou le chargement des voitures ou des animaux, soit la solidité des voitures publiques, leur poids, le mode de leur chargement,

le nombre et la sûreté des voyageurs ; contre les vendeurs et débitants de boissons falsifiées ; contre ceux qui auraient jeté des corps durs ou des immondices. (*Loi du 29 juin 1829 et 2 avril 1832.*)

477. Seront saisis et confisqués : — 1° les tables, instruments, appareils des jeux ou loteries établis dans les rues, chemins et voies publiques, ainsi que les enjeux, les fonds, denrées, objets ou lots préposés aux joueurs, dans le cas de l'article 476 ; — 2° Les boissons falsifiées, trouvées appartenir au vendeur débitant : ces boissons seront répandues : — 3° Les écrits ou gravures contraires aux mœurs : ces objets seront mis sous le pilon ; — 4° Les comestibles gâtés, corrompus ou nuisibles : ces comestibles seront détruits.

478. La peine de l'emprisonnement pendant cinq jours au plus, sera toujours prononcée, en cas de récidive, contre toutes les personnes mentionnées dans l'article 475.

« Les individus mentionnés au n° 5 du même article, qui seront repris pour le même fait en état de récidive, seront traduits devant le tribunal de police correctionnelle et punis d'un emprisonnement de six jours à un mois, et d'une amende de seize francs à deux cents francs. » (*Loi du 28 avril 1832.*)

SECTION TROISIÈME.

TROISIÈME CLASSE.

479. Seront punis d'une amende de onze à quinze francs inclusivement :

1° Ceux qui, hors les cas prévus depuis l'article 434 jusques et compris l'article 462, auront volontairement causé du dommage aux propriétés mobiliaires d'autrui;

2° Ceux qui auront occasionné la mort ou la blessure des animaux ou bestiaux appartenant à autrui, par l'effet de la divagation des fous ou furieux, ou d'animaux malfaisants ou féroces, ou par la rapidité, ou la mauvaise direction, ou le chargement exclusif des voitures, chevaux, bêtes de trait, de charge ou de monture;

3° Ceux qui auront occasionné les mêmes dommages par l'emploi ou l'usage d'armes, sans précaution ou avec maladresse, ou par jet de pierres ou d'autres corps durs;

4° Ceux qui auront causé les mêmes accidents par la vétusté, la dégradation, le défaut de réparation ou d'entretien des maisons ou édifices, ou par l'encombrement ou l'excavation, ou telles autres œuvres, dans ou après les rues, chemins, places ou voies publiques, sans les précautions ou signaux ordonnés, ou d'usage;

5° Ceux qui auront de faux poids ou de fausses mesures dans leurs magasins, boutiques, ateliers ou maisons de commerce, ou dans les halles, foires ou marchés, sans préjudice des peines qui seront prononcées par les tribunaux de police correctionnelle contre ceux qui auraient fait usage de ces faux poids ou de ces fausses mesures;

6° Ceux qui emploient des poids ou des mesures

différents de ceux qui sont établis par les lois en vigueur;

« Les boulangers ou bouchers qui vendent le pain ou la viande au-delà du prix fixé par la taxe légalement faite et publiée;

7° Les gens qui font métier de deviner et pronostiquer, ou d'expliquer les songes;

8° Les auteurs au complices de bruits ou tapages injurieux ou nocturnes, troublant la tranquillité des habitants;

9° Ceux qui auront méchamment enlevé ou déchiré les affiches apposées par ordre de l'administration;

10° Ceux qui mèneront sur le terrain d'autrui des bestiaux, de quelque nature qu'ils soient, et notamment dans les prairies artificielles, dans les vignes, oseraies, dans les plants de câpriers, dans ceux d'oliviers, de mûriers, de grenadiers, d'orangers, et d'arbres du même genre, dans tous les plants ou pépinières d'arbres fruitiers ou autres, faits de main d'homme;

11° Ceux qui auront dégradé ou détérioré, de quelque manière que ce soit, les chemins publics, ou usurpé sur leur largeur;

12° Ceux qui, sans y être dûment autorisés, auront enlevé des chemins publics les gazons, terres ou pierres, ou qui, dans les lieux appartenant aux communes, auraient enlevé les terres ou matériaux, à moins qu'il n'existe un usage général qui l'autorise.

480. Pourra, selon les circonstances, être prononcée la peine d'emprisonnement pendant cinq jours

6

au plus : — 1° contre ceux qui auront occasionné la mort ou la blessure des animaux ou bestiaux appartenant à autrui, dans les cas prévus par le n° 3 du précédent article ; — 2° contre les possesseurs de faux poids ou de fausses mesures ; — contre ceux qui emploient des poids ou des mesures différents de ceux que la loi en vigueur a établi ; — contre les boulangers et bouchers, dans les cas prévus par le paragraphe 6 de l'article précédent. (*Loi du* 28 *avril* 1832.) — 4° contre les interprètes de songes ; — 5° contre les auteurs ou complices de bruits ou tapages injurieux ou nocturnes.

481. Seront, de plus, saisis et confisqués : — 1° les faux poids et les mesures différents de ceux que la loi a établi ; — 2° les instruments, ustensiles et costumes servant ou destinés à l'exercice ou métier de devin, pronostiqueur, ou interprète de songes.

482. La peine d'emprisonnement pendant cinq jours aura toujours lieu, pour récidive, contre les personnes et dans les cas mentionnés en l'art. 479.

Disposition commune aux trois sections ci-dessus.

483. Il y a récidive dans tous les cas prévus par le présent livre, lorsqu'il a été rendu contre le contrevenant, dans les douze mois précédents, un premier jugement pour contravention de police commise dans le ressort du même tribunal. — L'article 463 du même code sera applicable à toutes les contraventions ci-dessus indiquées. (*Loi du* 28 *avril* 1832.)

Disposition générale.

484. Dans toutes les matières qui n'ont pas été réglées par le présent code et qui sont réglées par des lois et règlements particuliers, les cours et les tribunaux continueront à les observer.

Observation. Les arrêts de la cour de cassation et du conseil d'État rendus sur les contraventions de police et les peines qui y sont applicables, s'appuyent souvent sur l'illégalité des règlements de police. Il convient dès-lors, avant de passer à l'explication des articles 471, 475 et 479 du Code pénal, que nous venons de rapporter, de citer les objets de police confiés par la loi à la vigilance et à l'autorité des corps municipaux, afin que MM. les juges de police puissent être mis à même d'apprécier et de faire une juste application des arrêtés qui leur sont soumis.

Objets de police confiés à la vigilance et à l'autorité des Corps municipaux.

Une instruction de M. le ministre de l'intérieur aux préfets, du 22 octobre 1812, en appelant leur attention sur la police municipale, dit que les parties dont se compose la police municipale sont :

1° Tout ce qui intéresse la sûreté et la commodité du passage sur la voie publique ;

2° Le soin de prévenir et réprimer les délits contre la tranquillité publique, les rixes et disputes dans les rues, le tumulte excité dans les lieux où le public est rassemblé, les attroupements nocturnes ;

3° Le maintien du bon ordre dans les endroits où il se fait de grands rassemblements ;

4° L'inspection sur la fidélité dans le débit des denrées et sur la salubrité des boissons et comestibles exposés en vente ;

5° Les précautions à prendre pour faire cesser, par la distribution des secours nécessaires, les accidents et fléaux calamiteux ;

6° Le soin d'observer ou de remédier aux évènements fâcheux qui pourraient être causés par des insensés laissés en liberté, et par la divagation d'animaux malfaisants.

Explication de l'art. 471 du Code pénal.

N° 1. — *Fours et cheminées.*

QUESTION.

D.—Le propriétaire d'un four pourrait-il s'excuser de sa négligence en soutenant que le nettoiement de ce four est à la charge du propriétaire ?

R. — La cour de cassation a établi la négative. (*Arr. du* 6 *septembre* 1838.)

N° 2. — *Tir d'armes à feu.*

QUESTIONS.

D. — Les tribunaux de police pourraient-ils admettre l'excuse que pourrait donner un prévenu d'une longue tolérance qui aurait existé dans une commune concernant le tir d'armes à feu ou de pièces d'artifice?

R. — La cour de cassation a établi la négative. (*Arr. du* 27 *septembre* 1826.)

D. — L'expression des pièces d'artifice dont se sert la loi, comprend-elle les fusils, pistolets et autres instruments à explosion?

R. — La cour de cassation a établi l'affirmative. (*Arr. des* 27 *septembre* 1826, *août* 1829 *et* 25 *novembre* 1836.)

D. — Celui qui contrevient à la défense contenue dans un règlement de police, de tirer des coups de fusils, pétards ou fusées, sur la voie publique, peut-il être excusé sous prétexte qu'il en aurait obtenu la permission du maire ou de l'adjoint?

R. — La cour de cassation a établi la négative. (*Arr. du* 12 *décembre* 1846.)

D. — Un tribunal peut-il se dispenser de condamner celui qui contrevient à un arrêté municipal défendant, sous aucun prétexte, de tirer des armes à feu, lorsque ce contrevenant n'a tiré que sur des pigeons qui venaient détruire la semence qu'il avait jetée dans son jardin?

R. — La cour de cassation a établi la négative. (*Arr. du* 8 *août* 1834.)

Nº 3. — *Eclairage, Balayage.*

QUESTIONS.

D. — Lorsqu'un arrêté de l'administration municipale enjoint aux cabaretiers d'éclairer le devant de leurs maisons, le tribunal de police peut-il acquitter les contrevenants, par la raison qu'au moment de la contravention, la lune suffisait pour éclairer?

R. — La cour de cassation a établi la négative. (*Arr. du* 13 *juin* 1811.)

D. — Y a-t-il contravention à l'obligation d'un arrêté de Maire qui veut qu'une lanterne soit placée devant la porte d'un aubergiste, si celui-ci a mis la lanterne sur une croisée?

R. — La cour de cassation a établi l'affirmative. (*Arr. du* 11 *mai* 1810.)

D. — L'entrepreneur de l'éclairage d'une ville peut-il être traduit devant le tribunal de police pour avoir négligé de remplir les obligations qu'il aura contractées envers la municipalité, s'il ne s'est pas soumis aux peines portées par les règlements de police ou le code pénal?

R. — La cour de cassation a établi la négative. (*Arr. du* 28 *mai* 1824, *bull.* 283.)

D. — Un maire peut-il dispenser un particulier d'éclairer des matériaux déposés sur la voie publique, sous prétexte qu'il n'y a pas nécessité d'éclairer extraordinairement?

R. — La cour de cassation a établi la négative. (*Arr. du* 27 *avril* 1842.)

D. — Tout dépôt de matériaux sur la voie publique doit-il être éclairé pendant la nuit, quand même le mode d'éclairage n'aurait été arrêté par aucun règlement?

R. — La cour de cassation a établi l'affirmative. (*Arr. du* 10 *avril* 1841.)

D. — L'autorité municipale a-t-elle le droit d'ordonner le balayage des rues et de fixer les jours de la semaine où cette opération doit avoir lieu ?

R. — La cour de cassation a établi l'affirmative. (*Arr. du* 4 *octobre* 1827.)

D. — L'entrepreneur de travaux publics qui n'a pas éclairé pendant la nuit les matériaux déposés et une excavation faite par lui sur la voie publique, peut-il être relaxé des poursuites dirigées contre lui, sur le motif qu'il n'est pas justifié qu'il soit réellement entrepreneur des travaux pour lesquels les dépôts et l'excavation ont eu lieu ?

R. — La cour de cassation a établi la négative. (*Arr. du* 8 *octobre* 1846.)

D. — L'autorité municipale est-elle compétente pour ordonner le balayage des rues et pour fixer les heures auxquelles il doit avoir lieu ?

R. — La cour de cassation a établi l'affirmative. (*Arr. du* 7 *décembre* 1826.)

D. — L'arrêté municipal qui oblige les habitants à balayer devant leurs maisons, astreint-il un propriétaire à balayer la voie publique devant un jardin isolé de toute habitation ?

R. — La cour de cassation a établi la négative. (*Arr. du* 17 *juin* 1847: *journal du palais.*)

D. — En cas de faillite d'un propriétaire, est-ce sur le syndic de cette faillite que pèse, sous la sanction de l'art. 471 n° 3 du code pénal, l'obligation de nettoyer la voie publique au-devant de la maison du failli, alors que ce dernier occupait seul ladite maison ?

R. — La cour de cassation a établi l'affirmative. (*Arr. du* 23 *mai* 1846.)

D. — Un arrêté municipal qui défend à toutes personnes étrangères à l'adjudication de l'enlèvement des boues et immondices provenant du balayage des voies publiques, d'enlever à leur profit aucune parcelle des boues, crotins, fumiers et autres ordures provenant de ce balayage, est-il obligatoire ?

R. — La cour de cassation a établi l'affirmative. (*Arr. du* 31 *mars* 1848 : *journal du palais.*)

D. — L'adjudicataire de l'enlèvement des boues et immondices d'une ville est-il, en cette qualité, subrogé à l'obligation des habitants concernant l'exécution des règlements sur le nettoiement des rues, lorsqu'il a déclaré par son bail se conformer à ces règlements ?

R. — La cour de cassation a établi l'affirmative. (*Arr. du* 23 *mars* 1848.)

D. — Les propriétaires des maisons sises sur la voie publique sont-ils personnellement responsables du défaut de balayage de leurs locataires, bien qu'ils n'habitent pas ces maisons et qu'ils en soient éloignés ?

R. — La cour de cassation a établi l'affirmative. (*Arr. des* 25 *juillet* 1845 *et* 4 *mai* 1848.)

D. — Le tribunal de police peut-il relaxer un individu prévenu de n'avoir pas fait balayer le devant de la maison qu'il possède dans une ville, sous prétexte que n'habitant pas cette ville, il ignorait complètement le règlement qui lui imposait cette obligation?

R. — La cour de cassation a établi la négative. (*Arr. du* 9 *juin* 1832.)

D. — Le particulier qui a négligé de faire balayer le devant de sa maison, ainsi que l'ordonne le règlement municipal, peut-il être renvoyé de l'action intentée contre lui pour ce fait, sous prétexte que c'est son domestique et non lui qui aurait dû être cité?

R. — La cour de cassation a établi la négative. (*Arr. des* 7 *avril* 1809 *et* 6 *septembre* 1822.)

D. — Lorsque dans une commune où les habitants sont chargés du soin de nettoyer les rues, il a été constaté des contraventions commises par plusieurs, doit-on prononcer autant d'amendes qu'il existe de contrevenants?

R. — La cour de cassation a établi l'affirmative. (*Arr. des* 22 *avril* 1813 *et* 16 *avril* 1842.)

D. — Un tribunal de police peut-il se refuser à prononcer l'emprisonnement pour contravention en récidive, à un arrêté de l'autorité municipale sur le balayage de la voie publique?

R. — La cour de cassation a établi la négative, lorsqu'il ne reconnaît pas l'existence de circonstances atténuantes. (*Arr. du* 5 *mai* 1826.)

D. — Des herbes doivent-elles être arrachées devant les maisons lorsque les règlements l'ordonnent?

R. — La cour de cassation a établi l'affirmative. (*Arr. du* 17 *décembre* 1824.)

D. — Des immondices doivent-elles être déposées aux lieux indiqués par un règlement de police?

R. — La cour de cassation a établi l'affirmative. (*Arr. du* 6 *octobre* 1832.)

D. — Le balayage est-il à la charge du propriétaire qui habite la maison ou à la charge du locataire qui habite le rez-de-chaussée?

R. — La cour de cassation a décidé qu'il était à la charge du propriétaire. (*Arr. du* 18 *novembre* 1834.)

D. — Le principal locataire est-il tenu du balayage lorsque sa maison et ses dépendances bordent la rue?

R. — La cour de cassation a établi l'affirmative. (*Arr. du* 10 *août* 1833.)

D. — L'obligation du balayage pèse-t-elle sur le propriétaire d'une maison quoiqu'elle soit inhabitée?

R. — La cour de cassation a établi l'affirmative. (*Arr. des* 6 *avril* 1833 *et* 4 *mai* 1848.)

D. — La malpropreté du pavé aux jours non désignés est-elle une preuve que le balayage n'a pas été fait en temps et lieu?

R. — La cour de cassation a établi la négative. (*Arr. du* 28 *mai* 1823.)

D. — Lorsqu'un règlement de police prescrivant aux propriétaires ou locataires des rez-de-chaussée, de faire balayer la voie publique au-devant de leur maison, des deux côtés du ruisseau jusqu'au milieu de la chaussée, a été publié et affiché dans les formes ordinaires, le tribunal de police peut-il relaxer les contrevenants sur le motif qu'ils n'auraient pas reçu l'exemplaire de l'arrêté qui devait leur être remis, et qu'ils auraient fait le balayage en la manière accoutumée.

R. — La cour de cassation a établi la négative. (*Arr. du* 6 *mars* 1845.)

D. — Lorsqu'un règlement de police oblige les propriétaires ou locataires des rez-de-chaussée de balayer tous les jours, avant une certaine heure, le pavé et le ruisseau au-devant de leur maison, un propriétaire prévenu de contravention à cet arrêté peut-il être relaxé, sur le motif que le rez-de-chaussée de sa maison n'est pas habité et que le règlement ne concerne que les propriétaires ou locataires habitant le rez-de-chaussée?

R. — La cour de cassation a établi la négative. (*Arr. du* 25 *juillet* 1845.)

D. — Lorsqu'un procès-verbal régulièrement dressé et non combattu par des preuves contraires, constate une contravention aux dispositions d'un arrêté municipal, qui prescrit aux habitants de balayer avant une certaine heure les rues et les carrefours, chacun devant et autour de son habitation, le contrevenant peut-il être relaxé sous prétexte qu'une construction de bâtiment exigeant des matériaux ne permettait pas le balayage exigé par l'arrêté municipal?

R. — La cour de cassation s'est prononcée pour la négative. (*Arr. du* 27 *mars* 1845.)

D. — L'obligation imposée par un règlement de police au propriétaire ou locataire d'une maison de balayer ou faire balayer la voie publique au-devant de sa maison, s'applique-t-elle à tout concierge d'établissement public?

R. — La cour de cassation a jugé dans le sens affirmatif. (*Arr. du* 30 *mai* 1846 : *Sirey, tome* 46, *page* 1857.)

N° 3. — *Embarras. Éclairage.*

D. — Les voies publiques dans l'intérieur des villes et villages, ont-elles besoin pour être des rues ou des places d'avoir reçu d'un arrêté administratif cette qualification?

R. — La cour de cassation a établi la négative. (*Arr. des* 4 *février* 1825 *et* 1 *décembre* 1827.)

D. — Peut-on assimiler à une voie publique un terrain qui n'a pas cessé d'être une propriété privée?

R. — La cour de cassation a établi la négative. (*Arr. du* 20 *mai* 1827.)

D. — La condamnation pour embarras de la voie publique serait-elle régulière si le jugement ne constatait pas que le dépôt a eu lieu sans nécessité?

R. — La cour de cassation a consacré la négative. (*Arr. des* 21 *novembre* 1833, 21 *février* 1840 *et juillet* 1842.)

D. — L'autorisation accordée aux voituriers par un règlement de police de laisser stationner leurs voitures sur la voie publique pendant le temps du chargement et du déchargement, peut-elle les dispenser de l'obligation qui leur est imposée par l'article 475, n° 3 du code pénal, de se tenir constamment à portée de leurs chevaux et en état de les guider et conduire?

R. — La cour de cassation a établi la négative. (*Arr. du* 16 *mai*, 1846.)

D. — Lorsque le fait du stationnement d'une voiture dans la rue est établi, l'acquittement prononcé sans une déclaration explicite de la nécéssité, est-il régulier?

R. — La cour de cassation a établi la négative. (*Arr. du* 28 *octobre* 1825.)

D. La contravention consistant à avoir formé des tas de fumier sur un champ public d'une commune, est-elle de la compétence du tribunal de simple police?

R. — La cour de cassation s'est prononcée dans le sens affirmatif. (*Arr. du* 19 *juin* 1846.)

D. — Les voitures de vidange qui stationnent sur la voie publique pendant le curage des fosses d'aisance, peuvent-elles être considérées comme embarrassant la voie publique sans nécessité?

R. — La cour de cassation a établi la négative. (*Arr. du* 28 *juin* 1839.)

D. — Le dépôt dans la rue, de tonneaux pour les charger de suite et les transporter ailleurs, est-il punissable des peines de police?

R. — La cour de cassation a consacré la négative. (*Arr. du* 1er *juillet* 1826.)

D. — L'aubergiste qui a une cour pour fermer les voitures des voyageurs pendant la nuit, peut-il alléguer la nécessité de les laisser stationner dans la rue pendant le jour?

R. — La cour de cassation a établi la négative. (*Arr. du* 2 *juillet* 1824.)

D.—Un particulier est-il sans excuse et doit-il être puni pour avoir obstrué, dégradé ou infecté la voie publique, alors que le fait incriminé aurait expressément été autorisé par le maire du lieu?

R. — La cour de cassation a établi l'affirmative. (*Arr. du* 28 *septembre* 1827.)

D. — Le bourrelier qui a fait stationner des chevaux devant sa boutique, peut-il être acquitté sous le prétexte que sa profession l'y oblige?

R. — La cour de cassation a consacré la négative. (*Arr. du* 9 *février* 1832.)

D. — Les maréchaux-ferrants peuvent-ils, sans autorisation, ferrer, saigner ou médicamenter des chevaux, dans les rues, sans encourir les peines portées contre ceux qui embarrassent la voie publique?

R. — La cour de cassation a établi la négative. (*Arr. du* 2 *juillet* 1824.)

D. — Celui qui a laissé une voiture sur la place publique, un jour de foire, peut-il être acquitté sous le prétexte que c'est à la demande des marchands eux-mêmes qu'elle y est restée, et que d'ailleurs il a offert de la retirer si un autre marchand qui s'y trouvait retirait également la sienne?

R. — La cour de cassation a établi la négative. (*Arr. du* 5 *juillet* 1832.)

D. — Le Maire peut-il autoriser un embarras permanent de la voie publique et exiger que le dépôt soit précédé de son autorisation?

R. — La cour de cassation a établi la négative. *(Arr. des 1er juillet 1830 et 16 février 1833.)*

D. — Y a-t-il contravention punissable des peines de police, toutes les fois que des choses quelconques sont déposées ou laissées sans nécessité sur la voie publique, lorsqu'elles empêchent ou diminuent la liberté ou la sûreté du passage?

R. — La cour de cassation a établi l'affirmative. *(Arr. du 22 juillet 1824.)*

D. — Lorsqu'un procès-verbal dressé par un garde-champêtre, constate un embarras de la voie publique, le tribunal de police peut-il renvoyer le prévenu des poursuites, sans qu'il ait détruit ce procès-verbal par une preuve contraire?

R. — La cour de cassation a établi la négative. *(Arr. du 28 avril 1827 : bull. des arrêts.)*

D. — Lorsqu'un même terrain sert de rue et de grande route, les contraventions qui s'y commettent, peuvent-elles être poursuivies concurremment par l'autorité judiciaire et par l'autorité administrative?

R. — La cour de cassation a établi l'affirmative. *(Arr. du 13 juin 1811.)*

D.— Est-ce seulement dans les rues, lieux et édifices publics, que la police peut ordonner l'enlèvement des immondices?

R. — La cour de cassation a décidé que son action pour la salubrité s'étendait encore sur les lieux qui sont des propriétés particulières.

D. — L'individu prévenu d'avoir laissé sur la voie publique des matériaux qui l'embarrassent, sans nécessité, peut-il être renvoyé de la poursuite, par le motif qu'il aurait affirmé n'en être pas propriétaire?

R. — La cour de cassation a établi l'affirmative. (*Arr. du* 28 *janvier* 1837.)

D. — L'arrêté d'un maire qui, pour assurer la sûreté du passage sur la voie publique, défend et soumet à une autorisation préalable le stationnement des voitures, servant au transport en commun dans les rues et les places publiques, est-il régulier?

R. — La cour de cassation a établi l'affirmative. (*Arr. du* 16 *septembre* 1841.)

D. — Le tribunal de simple police est-il souverain appréciateur de la nécessité qui oblige un voiturier à laisser, contrairement à un règlement de police, sa voiture et ses chevaux sur la voie publique?

R. — La cour de cassation a établi l'affirmative. (*Arr. du* 27 *février* 1846.)

D. — Le fait d'avoir déposé du fumier sur un chemin rural constitue-t-il une contravention de police?

R. — La cour de cassation a établi l'affirmative. (*Arr. du* 19 *juin* 1846.)

D. — Le propriétaire de matériaux déposés sur la voie publique peut-il être renvoyé de la contravention résultant du fait d'éclairage de ces matériaux, sous prétexte qu'ils étaient éclairés par un reverbère.

R. — La cour de cassation a établi la négative. (*Arr. des* 19 *mars* 1835 *et* 19 *juin* 1846.)

D. — L'arrêté par lequel un Maire prescrit aux habitants d'éclairer, depuis le coucher du soleil jusqu'au point du jour, les matériaux qu'ils auraient déposés sur la voie publique, a-t-il besoin pour devenir obligatoire d'avoir été soumis à l'approbation du préfet?

R. — La cour de cassation a établi la négative. (*Arrêt du* 28 *février* 1846.)

D. — L'entrepreneur de travaux publics qui n'a pas éclairé pendant la nuit les matériaux déposés et une excavation faite par lui sur la voie publique, peut-il être relaxé des poursuites dirigées contre lui, sur le motif qu'il n'est pas justifié qu'il est réellement entrepreneur des travaux pour lesquels les dépôts et l'excavation ont eu lieu?

R. — La cour de cassation a établi la négative. (*Arr. du* 8 *octobre* 1846.)

D. — Les règlements municipaux qui ordonnent d'éclairer les voitures circulant pendant la nuit, doivent-ils être interprétés en ce sens: que l'éclairage est obligatoire depuis le coucher du soleil jusqu'à son lever?

R. — La cour de cassation a établi l'affirmative. (*Arr. du* 2 *juin* 1848.)

D. — Le défaut d'éclairage pendant la nuit, de matériaux déposés dans les rues ou places, est-il excusable à raison de la clarté produite par la lune à l'époque où la contravention a été constatée?

R. — La cour de cassation a établi la négative. (*Arr. des* 1er *mai* 1823 *et* 23 *avril* 1835.)

D. Le fait d'avoir négligé d'éclairer des matériaux déposés et laissés sur la voie publique, constitue-t-il la contravention prévue et réprimée par l'art. 471, nº 4, du code pénal?

R. — La cour de cassation a établi l'affirmative. (*Arr. du* 19 *juin* 1826.)

D. — Le fait seul d'avoir négligé d'éclairer des matériaux déposés et laissés sur la voie publique, constitue-t-il la contravention prévue par l'art. 471 nº 4, du code pénal, lorsqu'ils n'embarrassent nullement cette voie et qu'ils ont été déposés de manière à ne point diminuer ou empêcher la liberté ou la sûreté du passage?

R. — La cour de cassation a établi l'affirmative. (*Arr. du* 6 *mars* 1845.)

D. — Les règlements locaux de police, concernant l'éclairage des voitures publiques, sont-ils applicables aux voitures de poste?

R. — La cour de cassation a établi la négative. (*Arr. du* 4 *novembre* 1841.)

D. — L'obligation d'éclairer est-elle imposée personnellement au propriétaire des matériaux?

R. — La cour de cassation a établi l'affirmative. (*Arr. du* 19 *mars* 1835.)

D. — L'éclairage doit-il durer toute la nuit?

R. — La cour de cassation a établi l'affirmative. (*Arrêts des* 15 *février* 1828, 23 *mai* 1833 *et* 3 *mars* 1842.)

D. — Un marchand qui laisse la nuit sur la voie publique, des bancs de bois ou des marchandises, sans les éclairer, peut-il être poursuivi pour la double contravention d'embarras sur la voie publique et défaut d'éclairage ?

R. — La cour de cassation a consacré l'affirmative par arrêt du 19 juin 1846.)

D. — Les tribunaux de simple police sont-ils seuls compétents pour statuer sur les contraventions aux lois concernant la voirie urbaine, et appliquer aux contrevenants l'art. 471, n° 4, du code pénal?

R. — La cour de cassation a établi l'affirmative. (*Arr. du* 8 *juillet* 1842, *Gazette des Tribunaux.*)

N° 5. — *Règlements. Petite Voirie.*

QUESTIONS.

D. — En l'absence d'un plan général d'alignement, est-ce aux maires qu'il appartient de donner les alignements partiels, sous l'approbation du préfet ?

R. — Cette question a été résolue affirmativement par ordonnance du 18 avril 1845.

D. — Un Maire peut-il fixer la hauteur des maisons ?

R. — La cour de cassation a consacré l'affirmative. (*Arr. des* 30 *mars* 1827 *et* 20 *juillet* 1833.)

D. — Le Maire peut-il interdire de faire sur un chemin des murs ou clôtures, ou de les réparer sans son autorisation?

R. — La cour de cassation a établi l'affirmative. (*Arr. des* 30 *décembre* 1826 *et* 30 *octobre* 1823.)

D. — Le Maire peut-il ordonner le curage des fossés et ruisseaux communaux?

R. — La cour de cassation a établi l'affirmative. (*Arr. du* 24 *juillet* 1835.)

D. — Le Maire peut-il ordonner l'élagage des arbres qui bordent les chemins communaux?

R. — La cour de cassation a établi l'affirmative. (*Arr. des* 26 *juillet* 1827 *et* 22 *juillet* 1837.)

D. — Le Maire doit-il donner les alignements sur les rues non soumises à la grande voirie?

R. — La cour de cassation a établi l'affirmative. (*Arr. des* 30 *mars* 1827, 17 *janvier*, 7 *août* 1829, 13 *juin*, 3 *juillet*, 18 *septembre* 1835 *et* 30 *mai* 1840, *code Teulet, etc.)*

D. — Un maire peut-il enjoindre aux entrepreneurs, architectes, de déclarer les travaux neufs ou de grosse réparation, entrepris dans l'intérieur des maisons?

R. — La cour de cassation a établi l'affirmative. (*Arr. du* 10 *avril* 1841.)

D. — Un maire peut-il ordonner la suppression d'échoppes établies sur la rue et interdire leur remplacement?

R. — La cour de cassation a établi l'affirmative. (*Arr. du* 11 *germinal an XI*.)

D. — Un maire peut-il interdire de toucher aux croisées et d'y établir des persiennes extérieures et en saillie sur la rue?

R. — La cour de cassation a établi l'affirmative, (*Arr. du* 20 *octobre* 1841.)

D. — Un maire peut-il interdire de toucher, sans autorisation, aux façades des maisons?

R. — La cour de cassation a établi l'affirmative. (*Arr. des* 19 *juin* 1835 *et* 7 *septembre* 1838.)

D. — Un Maire peut-il interdire de placer aux façades des maisons, des enseignes, écritaux ou devises sans autorisation?

R. — La cour de cassation a établi l'affirmative. (*Arr. du* 6 *février* 1842.)

D. — Un maire peut-il ordonner de construire les façades en pierre de taille et non en pans de bois?

R. — La cour de cassation a établi l'affirmative. (*Arr. du* 13 *août* 1842.)

D. — Un maire peut-il interdire de poser aux façades des barrières, des bornes, de faire de nouvelles clôtures ou de réparer les anciennes?

R. — La cour de cassation a établi l'affirmative. (*Arr. du* 30 *octobre* 1823.)

D. — Un Maire peut-il ordonner la suppression des gouttières en saillie?

R. — La cour de cassation a établi l'affirmative. (*Arr. du* 30 *mai* 1840.)

D. — Un maire peut-il ordonner la suppression des tuyaux de poêle débouchant sur la rue, et leur élévation jusqu'à l'entablement?

R. — La cour de cassation a établi l'affirmative. (*Arr. du* 14 *mars* 1833 *et* 6 *avril* 1838.)

D. — Un maire peut-il ordonner la suppression d'un auvent en saillie sur la rue?

R. — La cour de cassation a établi l'affirmative. (*Arr. du* 9 *février* 1833.)

D. — Un Maire peut-il ordonner la suppression de bornes depuis long-temps placées sur la rue?

R. — La cour de cassation a établi l'affirmative. (*Arr. du* 4 *juin* 1830.)

D. — Un Maire peut-il ordonner le comblement de trous survenus dans une rue non pavée?

R. — La cour de cassation a établi l'affirmative. (*Arr. du* 16 *mars* 1838.)

D. — Un Maire peut-il ordonner le comblement des fosses pratiquées sur un chemin?

R. — La cour de cassation a établi l'affirmative. (*Arr. du* 8 *octobre* 1836.)

D. — Un maire peut-il ordonner la discontinuation de constructions dangereuses sans expertise préalable?

R. — La cour de cassation a établi l'affirmative. (*Arr. du* 18 *juin* 1831.)

D. — Un Maire peut-il ordonner la démolition par les syndics d'une maison menaçant ruine et comprise dans l'actif d'une faillite?

R. — La cour de cassation a établi l'affirmative. (*Arr. du* 21 *décembre* 1821.)

D. — Du principe que la loi soumet à l'alignement les propriétés qui touchent une rue actuelle ou définitivement arrêtée, s'en suit-il que toute construction ou réparation d'un mur de face, doive être autorisée préalablement par le Maire?

R. — La cour de cassation a établi l'affirmative, lors même qu'il n'existerait pas de plan général, (*arr. du* 6 *juillet* 1837) : ou spécial (*arr. des* 1 *février* 1833 *et* 10 *novembre* 1836); que le maire n'a pas rappelé aux citoyens cette obligation par un arrêté (*arr. des* 15 *mai* 1835, 22 *janvier* 1841 et 21 *mai* 1842); ou quoique la façade ne soit pas sujette à reculement (*arr. du* 9 *février* 1833); qu'elle soit conforme à l'alignement que le maire aurait dû donner, (*arr. du* 9 *février* 1833) lors même que la reconstruction aurait lieu par suite de la démolition ordonnée par le Maire pour cause de danger (*arr. du* 30 *décembre* 1826); que la réparation serait nécessitée par la malveillance (*arr. du* 2 *août* 1839); ou par suite du droit d'avancer sur la rue à cause de l'alignement (*arr. des* 20 *juillet*, 17 *septembre* 1838. *Code Teulet, etc.*)

D. — Les travaux intérieurs sont-ils permis lorsqu'ils ne reconfortent pas le mur de face et qu'ils ne touchent pas à la rue existante?

R. — La cour de cassation a établi l'affirmative. (*Arr. des* 25 *juillet* 1829 *et* 16 *juillet* 1840.)

D. — Quels sont les travaux regardés comme confortatifs du mur de face?

R. — La cour de cassation a établi que les travaux regardés comme confortatifs, sont :

Le fait de rentrer un angle de la maison (*Arr. du* 15 *octobre* 1834); celui de repiquer et enduire à neuf (*arr. du* 8 *janvier* 1830) ; l'enduit d'un gros mortier (*arr. du* 17 *décembre* 1836); le recrépissage du bas du mur (*arr. du* 8 *août* 1834); le recrépissage du mur, lorsque l'autorisation est seulement de gratter, blanchir et badigeonner (*arr. du* 19 *novembre* 1840); le simple badigeonnage (*arr. des* 20 *juillet*, 7 *septembre* 1838); l'agrandissement d'une ouverture (*arr. du* 28 *août* 1835); le percement de jours en forme de meurtrières (*arr. du* 28 *août* 1835); l'établissement sur un balcon d'une banne soutenue par des chassis, malgré le refus d'autorisation. (*Arr. du* 28 *mars* 1840 : *code Teulet, etc.*)

D. — Lorsqu'il est reconnu que des bâtiments en saillie ont été reconstruits, sans autorisation préalable de l'autorité municipale, sur un terrain joignant la voie publique, le juge de police peut-il se refuser de prononcer une peine de police et la démolition de ces bâtiments ?

R. — La cour de cassation a établi la négative. (*Arr. des* 25 *juillet* 1846 *et* 4 *mars* 1848.)

D. — Le tribunal de simple police qui condamne un individu à l'amende pour avoir repris et reconstruit son mur donnant sur la voie publique, sans avoir préalablement demandé et obtenu l'alignement, peut-il se dispenser de prescrire en même temps la démolition de ce qui a été indûment effectué ?

R. — La cour de cassation a établi la négative. (*Arr. du* 12 *septembre* 1846.)

D. — L'individu qui a fait exécuter à sa maison, bordant la voie publique, des travaux confortatifs, sans avoir obtenu l'autorisation de l'autorité municipale, peut-il être renvoyé des poursuites exercées contre lui à raison de cette contravention, sous le prétexte que le plan général d'alignement de la ville n'a pas encore été approuvé?

R. — La cour de cassation a établi la négative. (*Arr. du* 14 *avril* 1848.)

D. — Le propriétaire qui a obtenu l'autorisation d'opérer des travaux à sa maison sujette à reculement, peut-il faire autre chose que ce qui lui a été permis en termes précis et formels?

R. — La cour de cassation a établi la négative. (*Arr. du* 21 *mars* 1846.)

D. — Le juge de police peut-il ordonner la démolition d'un mur, lors-même qu'elle entraînerait celle de la maison entière?

R. — La cour de cassation a consacré l'affirmative. (*Arr. des* 30 *décembre* 1826 *et* 10 *novembre* 1836.)

D. — Lorsqu'un Maire a pris un arrêté en exécution d'un plan d'alignement autorisé, le tribunal de police doit-il réprimer les infractions à cet arrêté, par l'application de l'art. 471 nº 5, du code pénal?

R. — La cour de cassation a établi l'affirmative. (*Arr. du* 5 *novembre* 1829.)

D. — Le propriétaire autorisé à construire à neuf la partie de la façade de sa maison composant le rez-de-chaussée jusqu'au premier étage, a-t-il besoin d'une nouvelle autorisation pour construire les étages supérieurs, alors que le rez-de-chaussée a été construit conformément à l'autorisation et à l'alignement?

R. — La cour de cassation a établi la négative. (*Arr. du 28 mars* 1845.)

D. — L'autorisation pour bâtir doit-elle être donnée par écrit?

R. — La cour de cassation a établi l'affirmative. (*Arr. du 2 mai* 1845.)

D. — Toute construction élevée en contravention aux lois et règlements concernant l'alignement, doit-elle être démolie immédiatement?

R. — La cour de cassation a établi l'affirmative. (*Arr. du 8 juillet* 1843.)

D. — Celui qui élève des constructions sur un alignement autre que celui qui lui a été donné, et contrairement à un arrêté du maire de la commune peut-il être relaxé de la plainte, sous prétexte que l'arrêté ne lui aurait pas été notifié?

R. — La cour de cassation a établi la négative. (*Arr. du 8 juin 1844.*)

D. — Le tribunal de police qui prononce une peine contre un individu inculpé d'avoir réparé ou construit sans autorisation un mur joignant la voie publique, peut-il se dispenser d'ordonner la destruction des ouvrages exécutés ou surseoir à en ordonner la destruction?

R. — La cour de cassation a établi la négative. (*Arr. du 19 décembre* 1845.)

D. — Lorsqu'un alignement fixé par l'autorité administrative a déterminé les retranchements à faire sur les propriétés riveraines pour élargir les rues d'une ville, cette fixation établit-elle une servitude ayant pour effet d'interdire, sur les parties qui en sont frappées, tous travaux même non confortatifs, sans la permission de l'autorité municipale?

R. — La cour de cassation a établi l'affirmative. (*Arr. des 21 décembre 1844 : Sirey, tome 45, page 281 et 6 avril 1846.*)

D. — Lorsqu'une construction a été élevée sans observer l'alignement de l'administration municipale, doit-elle être démolie, si elle a été faite en retraite de l'alignement?

R. — La cour de cassation a établi l'affirmative. (*Arr. du 21 juin 1844.*)

D. — Le fait seul d'avoir, sans autorisation, exécuté des travaux à une maison sujette à reculement, constitue-t-il une contravention qui puisse autoriser le tribunal de police à ordonner la destruction de ces travaux, alors qu'ils ne sont pas confortatifs et que la prescription d'un an établie par l'article 640 du code d'instruction criminelle se trouverait acquise?

R. — La cour de cassation a établi l'affirmative. (*Arr. du 26 juin 1825.*)

OBSERVATION.

Nous devons cependant faire observer que s'il s'agissait de contraventions à des règlements de grande voirie, il faudrait juger différemment, car des arrêts du conseil d'État ont décidé que lorsqu'il est reconnu que les travaux faits, même sans autorisation, ne sont pas confortatifs, il n'y a pas lieu d'en ordonner la destruction.

Une ordonnance-arrêt du 14 mars 1844, a décidé également que, bien qu'une ordonnance royale ait déterminé un alignement de construction joignant la voie publique, il n'y a pas de contravention quand même la construction aurait été faite hors de l'alignement donné, si elle se trouvait en retraite.

D. — Lorsqu'un particulier prévenu d'avoir construit sur ou joignant la voie publique, sans avoir au préalable obtenu l'alignement de l'autorité municipale, conteste à cette voie de communication le caractère de chemin public, le tribunal de police doit-il surseoir jusqu'à ce que cette exception préjudicielle ait été vidée par l'autorité administrative ?

R. — La cour de cassation a établi l'affirmative. (*Arr. du* 12 *juin* 1845.)

D. — Le fait d'avoir établi un talus gazonné le long d'un chemin, sans avoir satisfait à un arrêté légal du maire qui défend de semblables travaux avant d'avoir obtenu l'alignement, constitue-t-il une contravention ?

R. — La cour de cassation a établi l'affirmative. (*Arr. du* 10 *juin* 1843.)

D. — Est-ce au tribunal de police ou à l'autorité administrative qu'il appartient de juger si des travaux faits à des bâtiments joignant la voie publique et sujets à reculement, sont ou non confortatifs?

R. — La cour de cassation a décidé par de nombreux arrêts et notamment par celui du 26 août 1843, que ce droit n'appartient qu'à l'autorité administrative.

D. — Lorsque des travaux ont été exécutés sans autorisation préalable, à un mur faisant saillie sur la voie publique, le propriétaire doit-il être condamné à l'amende, si ces travaux ont été exécutés à son inçu?

R. — Une ordonnance-arrêt du 23 décembre 1845 a établi l'affirmative.

D. — L'exécution des arrêtés municipaux enjoignant la destruction des travaux indûment faits, est-elle suspendue par le recours formé contre ces arrêtés?

R. — La cour de cassation a établi la négative. (*Arr. du* 7 *novembre* 1844.)

D. — Le particulier qui construit ou répare sur la voie publique sans autorisation, ou qui a dépassé les limites de celle qui lui avait été accordée, doit-il être condamné à démolir ces travaux, sans qu'il y ait lieu d'examiner s'ils sont ou non confortatifs?

R. — La cour de cassation a établi l'affirmative. (*Arr. du* 26 *juin* 1845.)

D. — Est-ce à l'autorité municipale seule qu'il appartient d'ordonner la démolition ou la réparation des murs et bâtiments menaçant ruine?

R. — La cour de cassation a établi l'affirmative. (*Arr. du* 14 *août* 1845.)

D. — Le propriétaire d'une maison sujette à alignement, peut-il, sans autorisation, sur-élever sa maison s'il ne touche ni aux fondations, ni au rez-de-chaussée préexistant?

R. — La cour de cassation a établi la négative.

(*Arr. des 8 février 1844 et 28 mars 1845.*) Elle a décidé aussi par les mêmes arrêts, que le propriétaire muni d'une autorisation pour construire à neuf la façade de sa maison jusqu'au premier étage n'avait point besoin d'une autorisation nouvelle pour construire les étages supérieurs.

D. — L'étaiement d'une maison sur la partie retranchable constitue-t-il une contravention punissable lorsqu'il a eu lieu sans autorisation ?

R. — La cour de cassation a établi l'affirmative. (*Arr. du 1er février 1845.*)

D. — Le fait d'avoir intercepté par des constructions une rue ou ruelle affectée depuis long-temps au passage du public, fait-il perdre le caractère de contravention, par cela seul que le droit de propriété serait reconnu appartenir au particulier qui a intercepté le passage?

R. — La cour de cassation a établi la négative. (*Arr. du 29 septembre 1844.*)

D. — Le propriétaire de maisons situées le long des routes peuvent-ils, sans autorisation préalable, exécuter des travaux dans l'intérieur desdites maisons et sur la partie retranchable, si les travaux ne confortent pas le mur de face?

R. — Une ordonnance du 22 juin 1843 a consacré l'affirmative.

D. — Les propriétaires de bâtiments ou terrains destinés à être occupés par le prolongement d'une rue nouvelle, conservent-ils tant qu'ils n'ont pas été dépossédés, le droit d'y faire toute construction ou réparation qui leur convient, sans autorisation?

R. — La cour de cassation a établi l'affirmative. (*Arr. du* 28 *février* 1846.)

D. — Lorsque des travaux confortatifs ont été faits sans autorisation, au mur de face d'une maison sujette à reculement, y a-t-il lieu d'en ordonner la démolition et de condamner le propriétaire et l'entrepreneur à l'amende?

R. — Un arrêt du conseil d'État du 27 février 1765 a établi l'affirmative.

D. — La loi du 9 ventôse an XIII, qui charge les conseils de préfecture de faire cesser les usurpations commises sur les chemins vicinaux, a-t-elle laissé à la juridiction ordinaire l'application des amendes encourues par les délinquants ?

R. — Une ordonnance du 7 janvier 1842 a consacré l'affirmative.

D. — Lorsqu'il existe dans une ville un arrêté municipal défendant de faire aucun changement aux maisons, sans autorisation préalable, doit-on comprendre, dans les changements prohibés, aussi bien les simples travaux de peinture et de blanchissage, que les grosses réparations et les reconstructions proprement dites ?

R. — La cour de cassation a établi l'affirmative. (*Arr. du* 7 *septembre* 1838.)

D. — Une construction peut-elle être entreprise sur ou joignant la voie publique, sans qu'elle ait été préalablement autorisée par l'autorité compétente?

R. — La cour de cassation a établi la négative. (*Arr. du* 17 *octobre* 1838.)

D. — Lorsqu'un particulier prévenu d'avoir élevé sur sa propriété des constructions sans avoir préalablement obtenu l'alignement de l'autorité municipale, excipe d'une autorisation qui lui a été donnée par un conseiller municipal en l'absence de l'adjoint, et le maire étant empêché, appartient-il au tribunal de police d'apprécier le mérite de cette autorisation ?

R. — La cour de cassation a établi la négative. (*Arr. du* 3 *janvier* 1835.)

D. — Lorsque le prévenu poursuivi pour avoir indûment fait des travaux sur la voie publique, soutient que ces travaux ne sont pas confortatifs, et qu'il n'y a pas lieu, par suite, d'en ordonner la démolition, le tribunal de police doit-il surseoir à prononcer l'application de la peine jusqu'a ce que l'autorité compétente ait prononcé sur l'exception préjudicielle ?

R. — La cour de cassation a établi l'affirmative. (*Arr. du* 28 *septembre* 1838.)

D. — Les terrains bordant les murs de clôture et d'habitation sur les rues et places publiques, sont-ils légalement présumés faire partie de la voie publique?

R. — La cour de cassation a établi l'affirmative. (*Arr. du* 21 *mai* 1838, *journal du palais.*)

D. — L'autorité municipale peut-elle enjoindre à un particulier de laisser le commissaire de police et les agents de l'art s'introduire dans sa maison à l'effet de vérifier l'existence d'une contravention de voirie?

R. — La cour de cassation a établi l'affirmative. (*Arr. du 17 décembre 1847, journal du palais.*)

D. — Les alignements sur les places qui longent les routes nationales, doivent-ils être donnés par les Maires ou par les Préfets?

R. — Ce droit appartient aux Maires. (*ord.-arr. du 16 janvier 1828.*)

D. — L'usurpation d'un chemin public est-elle un délit correctionnel ou un délit de simple police?

R. — La cour de cassation a établi qu'elle constituait un délit correctionnel. (*Arr. du 28 septembre 1809.*

D. — L'arrêté d'un maire, qui répartit entre les habitants de la commune les travaux à faire pour mettre les chemins vicinaux en bon état, est-il obligatoire pour tous ceux qu'il concerne, et le refus de s'y conformer caractérise-t-il la contravention prévue par le n° 5 de l'article 471 du code pénal?

R. — Cette question ne paraît pas avoir été résolue par la cour de cassation, mais on trouve dans Bost et Daussy, page 225, qu'elle doit être jugée affirmativement.

D. — Les personnes autorisées à faire des constructions sur la voie publique, sont-elles responsables des accidents occasionnés par leurs travaux?

R. — Un décret du 24 juin 1808 a établi l'affirmative.

D. — Doit-on considérer comme faisant partie de la voie publique une cour commune formée par plusieurs habitants, et entourée de maisons occupées par divers propriétaires ou locataires ?

R. — La cour de cassation a établi l'affirmative. (*Arr. du* 26 *juillet* 1827.)

D. — Les tribunaux de police connaissent-ils des obstacles mis au libre cours d'un ruisseau en empiétant sur sa largeur ?

R. — La cour de cassation a établi l'affirmative. (*Arr. du* 21 *mai* 1823.)

D. — Le particulier qui s'est refusé à démolir une partie de sa maison menaçant ruine, doit-il être condamné aux peines de l'article 471, nº 5, du code pénal ?

R. — La cour de cassation a établi l'affirmative. (*Arr. du* 24 *septembre* 1819.)

D. — La démolition d'édifices menaçant ruine, peut-elle, sur le refus du propriétaire d'obtempérer à la sommation de démolir, être poursuivie par la voie d'action civile ?

R. — La cour de cassation a établi l'affirmative. (*Arr. du* 14 *août* 1832.)

D. — Celui qui, sans autorisation, a pratiqué sur le bord d'une route départementale des fouilles ayant pour objet l'établissement d'une carrière, est-il passible des tribunaux de police ?

R. — Non ; une ordonnance-arrêt du 31 janvier 1845, a établi que de semblables faits étaient passibles d'une amende qui ne peut excéder 150 francs, ni être moindre de 50 francs.

N° 6. — *Immondices.* — *Exhalaisons.*

QUESTIONS.

D. — Celui qui dépose dans sa cour et sous les fenêtres que son voisin y a ouvertes, le fumier qui provient de son établi, commet-il un délit dans le sens des lois qui défendent de rien jeter qui puisse causer des exhalaisons nuisibles?

R. — La cour de cassation a établi la négative. (*Arr. du* 18 *germinal an X: Sirey, tome* 7, *page* 984.)

D. — Le tribunal de police peut-il se dispenser d'appliquer les peines prononcées par l'article 471 n° 6, du code pénal, à celui qui a contrevenu au règlement qui défend de jeter de l'eau par les fenêtres, sous prétexte que l'eau jetée n'a atteint personne?

R. — La cour de cassation a établi la négative. (*Arr. du* 26 *juillet* 1828.)

D. — Le fait d'avoir jeté une pierre sur quelqu'un, constitue-t-il la contravention prévue par le n° 6 de l'art. 471 du code pénal?

R. — La cour de cassation a établi l'affirmative. (*Arr. du* 6 *septembre* 1833.)

D. — Le corroyeur qui expose extérieurement à une fenêtre, des peaux tannées pour les faire sécher, peut-il s'excuser sur ce qu'elles sont solidement attachées?

R. — La cour de cassation a établi la négative. (*Arr. du* 2 *juin* 1842.)

D. — Le fait de laisser écouler temporairement

des eaux insalubres, constitue-t-il une infraction au règlement qui interdit cet écoulement ?

R. — La cour de cassation a établi l'affirmative. (*Arr. du* 31 *mai* 1834.)

D. — Le fait d'avoir placé un tas de fumier dans un coin de la rue, avec la permission du Maire, constitue-t-il une contravention ?

R. — La cour de cassation a établi l'affirmative. (*Arr. du* 28 *septembre* 1827.)

D. — Est-ce seulement dans les rues, lieux et édifices publics, que la police peut ordonner l'enlèvement des immondices ?

R. — La cour de cassation a décidé que son action pour la salubrité, s'étendait encore sur les lieux qui sont des propriétés particulières. (*Arr. du* 6 *février* 1823 : *Sirey, tome* 23, *page* 175.)

D. — Le Maire peut-il interdire tout jet d'immondices et d'eaux par les fenêtres ?

R. — La cour de cassation a établi l'affirmative. (*Arr. du* 3 *janvier* 1835.)

N° 7. — *Coutres de charrue.* — *Pinces, etc.*

OBSERVATION.

La disposition contenue au n° 7, n'étant applicable qu'à raison des machines ou instruments de fer laissés à l'abandon dans les rues, chemins, places, lieux publics, ou dans les champs, tout fait penser qu'elle n'a jamais donné lieu à interprétation, puisqu'il ne nous a pas été possible de trouver un seul arrêt.

N° 8. — *Echenillage.*

QUESTIONS.

D. — Le fermier de biens communaux est-il personnellement et exclusivement chargé de l'échenillage?

R. — La cour de cassation a établi l'affirmative. (*Arr. du 21 mai 1829.*)

D. — Le maire est-il autorisé à faire écheniller aux frais du propriétaire négligent?

R. — La cour de cassation a établi l'affirmative. (*Arr. du 21 mai 1821.*)

D. — La négligence du maire de rappeler tous les ans l'obligation de l'échenillage, peut-elle être un moyen d'excuse?

R. — La cour de cassation a établi la négative. (*Arr. du 21 mai 1829.*)

D. — Le mauvais temps et le danger de parcourir les propriétés rurales, sont-ils des excuses qui puissent être admises par les tribunaux?

R. — La cour de cassation a établi la négative. (*Arr. du 21 mai 1829.*)

D. — La contravention est-elle punissable, quoique le procès-verbal ne donne pas le nombre des nids de chenilles?

R. — La cour de cassation a établi l'affirmative. (*Arr. du 21 mai 1829.*)

N° 9. — *Cueilli. — Mangé. — Fruits.*

QUESTIONS.

D. — Le maraudage avec des sacs, des tabliers, constitue-il un délit de police correctionnelle ou une simple contravention?

R. — La cour de cassation a établi qu'il constituait un délit correctionnel. (*Arr. du* 21 *avril* 1826.)

D. — Le tribunal de police est-il compétent pour statuer sur un délit de maraudage, lorsque le dommage est indéterminé?

R. — La cour de cassation a établi l'affirmative. (*Arr. du* 15 *février* 1828.)

D. — L'amende doit-elle être prononcée, lorsque le propriétaire de la vigne ou des raisins et pêches qui ont été mangés, ne voudrait pas donner suite au procès-verbal?

R. — La cour de cassation a établi l'affirmative. (*Arr. du* 29 *décembre* 1837, *voyez aussi au n°* 15 *de l'art.* 475.)

N° 10. — *Glané. — Ratelé. — Grapillé.*

QUESTIONS.

D. — Les anciens règlements qui prohibent le ratelage avec rateaux de fer, subsistent-ils encore?

R. — La cour de cassation a établi l'affirmative. (*Arr. du* 23 *décembre* 1818.)

D. — Le glanage peut-il être permis par le propriétaire avant l'enlèvement de la récolte?

R. — La cour de cassation a établi la négative. (*Arr. du* 5 *septembre* 1835.)

D. — Le propriétaire peut-il, avant et après l'enlèvement de la récolte, faire ramasser pour son compte les épis épars et autres débris de la récolte?

R. — La cour de cassation a établi l'affirmative. (*Arr. des* 19 *octobre* 1836 *et* 20 *octobre* 1841, *voyez la loi du* 28 *septembre* 1791.)

D. — L'abandon de volaille sur le terrain d'autrui, est-il punissable d'amende et la loi du 6 octobre 1791 y devient-elle applicable?

R. — La cour de cassation a établi l'affirmative. (*Arr. du* 10 *novembre* 1836.)

N° 11. — *Injures.*

QUESTIONS.

D. — L'articulation d'un fait précis de vol ou de concussion, est-elle punie, comme injure simple, des peines de simple police?

R. — La cour de cassation a établi l'affirmative. (*Arr. des* 23 *août* 1821 *et* 10 *juillet* 1834.)

D. — Des reproches injurieux contre un témoin, consignés dans une enquête reçue par un juge-de-paix constituent-ils une injure simple?

R. — La cour de cassation a établi l'affirmative. (*Arr. du* 23 *juin* 1813.)

D. — Les épithètes de gueux, de mauvais sujet, de sorcier, de canaille et autres invectives vagues de mépris, de colère, sont-elles des injures simples lorsqu'elles ont été proférées publiquement?

R. — La cour de cassation a établi l'affirmative. (*Arr. du 15 mars* 1811.)

D. — Y a-t-il injure punissable dans le reproche de vol de terrain, fait sur les lieux contentieux, par celui au préjudice duquel l'usurpation a été reconnue vraie par acte postérieur?

R. — La cour de cassation a établi la négative. (*Arr. du* 27 *août* 1825.)

D. — Dire à un garde que ses chefs sont des gueux, des coquins, est-ce injurier ce garde?

R. — La cour de cassation a établi la négative. (*Arr. du* 23 *janvier* 1808.)

D. — Un juge de police peut-il, hors le cas de récidive condamner à la prison l'auteur d'injures simples?

R. — La cour de cassation a consacré la négative. (*Arr. du* 13 *décembre* 1814.)

D. — Des peines de police peuvent-elles être prononcées contre deux individus qui se sont respectivement adressés des injures, lorsque le juge de police déclare n'avoir pu reconnaître celle des parties qui, sans provocation, a proféré des injures contre l'autre?

R. — La cour de cassation a établi la négative. (*Arr. des* 1er *septembre* 1826: *Sirey, tome* 27, *page* 259, *et* 11 *octobre* 1827.)

D. — Les injures verbales adressées à un agent

de l'autorité, dans l'exercice de ses fonctions, sont-elles punissables, lorsque cet agent les a provoquées, en se permettant le premier des injures semblables?

R. — La cour de cassation, par arrêt du 21 avril 1825: Sirey, tome 26, avait résolu négativement cette question, à l'égard d'un garde champêtre; mais, par arrêt du 19 août 1842: gazette des tribunaux, elle a établi l'affirmative, à l'égard d'un receveur de l'enregistrement, en se fondant sur l'article 6 de la loi du 25 mars 1822, qui punit l'outrage fait publiquement et d'une manière quelconque à un fonctionnaire public ?

No 12. — *Jet d'immondices.*

QUESTIONS.

D. — Faut-il, pour constituer la contravention prévue par l'article 471, nº 12, du code pénal, que les immondices aient été jetées sur les personnes et non sur des choses quelconques?

R. — La cour de cassation a établi l'affirmative. (*Arr. du* 20 *juin* 1842.)

D. — L'arrêté de police qui défend de jeter des ordures et des immondices dans les cours des maisons est-il obligatoire dans les cours dont l'accès n'est pas ouvert au public?

R. — La cour de cassation a établi l'affirmative. (*Arr. du* 21 *juillet* 1838.)

D. — L'heure avancée, la bonne foi ou la préoccupation du prévenu, peuvent-ils servir d'excuse au jet d'immondices sur la voie publique ?

R. — La cour de cassation a établi la négative. (*Arr. du* 24 *février* 1844.)

No 13. — *Terrain d'autrui.* — *Passage.*

QUESTIONS.

D. — Y a-t-il contravention dans le fait de passer sur un terrain qui n'est ni préparé ni ensemencé ?

R. — La cour de cassation a établi la négative. (*Arr. du* 29 *messidor an VIII.*)

D. — Celui qui a chassé dans un temps non prohibé sur le terrain d'autrui, peut-il, pour cela seul, être poursuivi par le ministère public ?

R. — La cour de cassation a établi la négative. (*Arr. du* 12 *février* 1808.)

D. — Y a-t-il délit rural de la part du propriétaire qui introduit des vaches dans son champ dépouillé, si la récolte des champs voisins n'est pas faite depuis deux jours ?

R. — La cour de cassation a consacré l'affirmative. (*Arr. du* 13 *janvier* 1844.)

D.— Le propriétaire d'un fonds enclavé peut-il être poursuivi par le ministère public, à raison de son passage sur les terres voisines pour la culture et l'enlèvement de ses récoltes?

R. — La cour de cassation a consacré la négative (*Arr. du* 23 *avril* 1846.)

No 14. — *Bestiaux.* — *Passage.* — *Terrain d'autrui.*

QUESTIONS.

D. — Le fait d'avoir conduit et gardé à vue des

bêtes à cornes dans les pâturages d'autrui, constitue-t-il de la part des prévenus, le délit prévu par l'article 12 de la section 6 de la loi du 6 octobre 1791, ou une contravention de police?

R. — La cour de cassation a établi qu'il constituait une contravention de police. (*Arr. du* 9 *mai* 1840.)

D. — L'introduction et la garde à vue des bestiaux dans un champ d'avoine pendante par racine, constituent-elles le délit commis sur un champ en état de récolte, prévu et puni par l'art. 26, titre 2, du code rural des 28 septembre et 6 octobre 1791?

R. — La cour de cassation a établi l'affirmative. (*Arr. du* 6 *janvier* 1842.)

No 15. — *Règlements.* — *Autorité municipale.*

QUESTIONS.

D. — Les arrêtés permanents de l'autorité municipale, sont-ils obligatoires du jour de leur publication ou de la notification à la partie intéressée ou après l'expiration du délai (un mois) accordé pour leur révision, à l'autorité supérieure, par l'article 11 de la loi du 18 juillet 1837.)

R. — La cour de cassation a établi qu'ils ne devenaient exécutoires qu'après l'expiration du délai d'un mois.

D. — L'annulation d'un arrêté ou règlement de police entraîne-t-elle la nullité des actes d'exécution faits antérieurement en vertu de cet arrêté, lorsqu'elle est fondée sur l'illégalité de l'arrêté lui-même, comme pris hors du cercle des attributions de l'autorité dont-il émane?

R. — La cour de cassation a établi l'affirmative. (*Arr. du 17 mai 1836.*)

D. — L'arrêté municipal portant que tous les bouchers seront tenus d'abattre leurs bestiaux à l'abattoir public du lieu, est-il obligatoire pour tous les bouchers, même pour ceux qui habitent hors des limites de l'octroi?

R. — La cour de csssation a établi l'affirmative. (*Arr. du 1er juin 1832: Courrier des communes.*)

D. — Lorsqu'un règlement de police défend aux bouchers d'abattre des bestiaux chez eux, la contravention à un pareil arrêté peut-elle être excusée sous le prétexte que l'abattage aurait eu lieu hors du rayon de l'octroi?

R. — La cour de cassation a établi la négative. (*Arr. du 2 mai 1846.*)

D. — Un boucher prévenu de contravention à un arrêté de maire qui prescrit de faire abattre le bétail à la tuerie publique et non ailleurs, peut-il être renvoyé des poursuites sur le motif que l'abattage a eu lieu hors de la ville, au-delà de l'octroi?

R. — La cour de cassation a établi la négative. (*Arr. du 18 octobre 1827 : bull. des arrêts.*)

D. — L'arrêté d'un maire qui ordonne aux bouchers d'abattre des bœufs, vaches, etc., dans l'intérieur de leurs maisons, et de tenir leurs portes fermées au moment de l'abattage, est-il obligatoire?

R. — La cour de cassation a établi l'affirmative. (*Arr. du 3 juin* 1823.)

D. — L'arrêté municipal qui prescrit aux bouchers d'une ville, d'avoir des étaux d'une dimension déterminée et situés d'une certaine manière, est-il obligatoire tant qu'il n'a pas été réformé par l'autorité supérieure?

R. — La cour de cassation a établi l'affirmative. (*Arr. du 24 juin* 1831.)

D. — Un arrêté qui porte qu'il ne pourra être vendu de viande dans tout l'arrondissement de l'octroi, ailleurs qu'à la halle et à la boucherie, est-il obligatoire?

R. — La cour de cassation a établi l'affirmative. (*Arr. du 7 décembre* 1826.)

D. — Lorsqu'un arrêté municipal enjoint aux bouchers de la ville de ne donner pour surpoids dans leurs ventes, qu'une quantité déterminée d'une certaine espèce de viande, le tribunal de simple police, saisi d'une contravention à cet arrêté peut-il, sans excès de pouvoir, se dispenser d'appliquer la peine au prévenu contre lequel a été dressé un procès-verbal non débattu par la preuve contraire?

R. — La cour de cassation a établi la négative. (*Arr. du 30 novembre* 1844.)

D. — L'autorité municipale peut-elle légalement prescrire des mesures pour la salubrité et la taxe de la viande de boucherie, et désigner les animaux que les bouchers doivent offrir à la consommation publique?

R. — La cour de cassation a établi l'affirmative. (*Arr. du* 17 *mars* 1841.)

D. — Le maire peut-il interdire d'être boucher sous peine de confiscation, avant d'être patenté ?

R. — La cour de cassation a établi la négative. (*Arr. du* 26 *mars* 1831.)

D. — Lorsqu'une ordonnance royale contenant règlement sur l'exercice de la boulangerie dans une ville, permet aux boulangers et aux débitants forains de vendre ou de faire vendre leur pain, concurremment avec les marchands de la ville, sur les marchés et lieux publics désignés à cet effet par le maire, et qu'un arrêté municipal a déterminé ces lieux, le marchand forain, surpris portant du pain à domicile, peut-il être relaxé des poursuites dirigées contre lui à raison de ce fait, sous le prétexte que ces pains avaient été achetés chez lui, et n'étaient portés qu'à ses pratiques ?

R. — La cour de cassation a établi la négative. (*Arr. du* 20 *mai* 1848.)

D. — L'arrêté municipal qui déclare que le pain se vendra dans telle commune moyennant tel prix entraîne-t-il l'obligation pour les boulangers de vendre à toute réquisition le pain par eux fabriqué ?

R. — La cour de cassation a établi l'affirmative. (*Arr. du* 20 *juin* 1846 : *journal du palais, tome* 1er, *année* 1849.)

D. — Le fait de la part d'un boulanger, de fabriquer du pain n'ayant pas le poids prescrit par les règlements de police, peut-il être excusé sous prétexte que le pain ainsi fabriqué lui aurait été commandé par quelques-unes de ses pratiques et qu'il n'aurait pas eu l'intention de tromper?

R. — La cour de cassation a établi la négative. (*Arr. des* 24 *mars* 1832 *et* 27 *février* 1847.)

D. — La simple exposition en vente de pains n'ayant pas le poids requis par les règlements locaux, constitue-t-elle une contravention?

R. — La cour de cassation a consacré l'affirmative. (*Arr. du* 1er *février* 1833.)

D. — Le boulanger qui marque sur la taille laissée à la pratique un nombre de pains plus considérable que celui réellement livré, commet-il une tentative de filouterie?

R.— La cour royale de Limoges a établi l'affirmative. (*Arrêt du* 13 *février* 1846 : *journal des communes.*)

D. — Y a-t-il contravention punissable de la part du boulanger qui refuse de vendre du pain au prix de la taxe, comme de la part de celui qui en vend à un prix supérieur?

R. — La cour de cassation a établi l'affirmative. (*Arr. du* 13 *août* 1847 : *journal des communes.*)

D. — Lorsqu'il est constaté, par procès-verbal, qu'un boulanger a distribué du pain n'ayant pas le poids légal, le juge de police peut-il écarter la contravention première en déclarant, sans que cela soit prouvé par le procès-verbal lui-même ou par les témoignages positifs, que la pratique avait demandé une seconde cuisson ?

R. — La cour de cassation a établi la négative. (*Arr. du 27 février 1847.*)

D. — Lorsqu'un règlement de police enjoint aux boulangers de peser les pains qu'ils vendent, le tribunal de police peut-il relaxer les contrevenants à cet arrêté, sous prétexte que l'acheteur les en a dispensés au moment de la vente?

R. — La cour de cassation a établi la négative. (*Arr. du 19 juin 1841: bulletin-ordonnance, etc., de la gendarmerie.*)

D. — Le boulanger qui a vendu des pains n'ayant pas le poids prescrit par l'autorité municipale, peut-il être excusé à raison du plus ou moins de temps écoulé depuis la cuisson?

R. — La cour de cassation a établi la négative. (*Arr. du 6 juin 1835.*)

D. — Les arrêtés municipaux qui fixent le prix et le poids du pain interdisent-ils virtuellement aux boulangers la fabrication et la vente de toute sorte de pains de fantaisie ayant un poids différent?

R. — La cour de cassation a établi l'affirmative. s'appuyant sur l'article 179 n° 6 du code pénal. (*Arr. du 13 novembre 1847.*)

D. — Lorsque l'arrêté du maire impose aux boulangers l'obligation d'avoir toujours dans leurs boutiques le pain nécessaire pour le besoin des habitans, le tribunal de police peut-il se dispenser d'appliquer la peine aux contrevenants, sous prétexte que ceux dont les boutiques auraient été trouvées dégarnies, auraient eu dans des chambres voisines ou dans leurs fours des pains en suffisante quantité?

R. — La cour de cassation a établi la négative. (*Arr. du* 22 *mars* 1844.)

D. — Lorsqu'un arrêté municipal a déterminé les prix, qualités et poids du pain à confectionner par les boulangers d'une commune, le boulanger contrevenant peut-il être renvoyé des poursuites dirigées contre lui, sous prétexte d'un ancien usage qui pouvait lui servir d'excuse, ou que le pain mis en vente serait un pain de fantaisie?

R. — La cour de cassation a établi la négative. (*Arr. du* 30 *mai* 1844.)

D. — Le boulanger qui a du pain dans sa boutique, et qui refuse d'en vendre à plusieurs individus, peut-il être relaxé des poursuites dirigées contre lui, sous le prétexte que l'arrêté municipal qui imposait aux boulangers l'obligation de vendre le pain par eux fabriqué, ne pouvait leur imposer d'une manière implicite l'obligation de vendre du pain à toute réquisition?

R. — La cour de cassation a établi la négative. (*Arr. du* 20 *juin* 1846.)

D. — L'arrêté municipal qui prescrit aux boulangers de donner à leurs pains le poids intégral indiqué par leur conformation, est-il applicable aux pains fabriqués hors de la commune lorsqu'ils y sont exposés et mis en vente, comme aux pains fabriqués dans la commune même?

R. — La cour de cassation a établi l'affirmative. (*Arr. du* 7 *mars* 1845.)

D. — Lorsqu'un arrêté municipal prescrit aux

boulangers d'avoir dans leurs boutiques des pains d'un poids déterminé, y a-t-il contravention à cet arrêté, lorsque les pains trouvés chez un boulanger sont d'un poids supérieur?

R. — La cour de cassation a établi l'affirmative. (*Arr. du* 19 *juin* 1846 : *journal du palais.*)

D. — La confiscation prononcée par l'art. 477 du code pénal, doit-elle avoir lieu dans le cas d'exposition en vente par un boulanger, de substances gâtées, comme dans le cas de vente effective?

R. — La cour de cassation a établi l'affirmative. (*Arr. du* 29 *avril* 1847 : *voyez l'art.* 475, *n*o 14 *du code pénal.*)

D. — Les boulangers et bouchers peuvent-ils cesser leur commerce avant l'expiration d'une année à partir de la déclaration qu'ils doivent en faire?

R. — La cour de cassation a établi la négative, en se fondant sur l'édit de février 1776, qui prononce une amende de 500 fr. contre les auteurs de cette infraction. (*Arr. du* 18 *février* 1848.)

D. — Le Maire peut-il prescrire aux boulangers de remettre des balances aux porteurs de pain à domicile?

R. — La cour de cassation a établi l'affirmative. (*Arr. du* 25 *février* 1842.)

D. — Le Maire peut-il interdire aux boulangers forains de vendre ailleurs qu'à la halle?

R. — La cour de cassation a établi l'affirmative. (*Arr. des* 11 *juin* 1830, 22 *juin* 1832, *et* 3 *janvier* 1835.)

D. — Le Maire peut-il interdire aux meuniers, boulangers, blatiers, d'entrer à la halle aux blés et farines avant une certaine heure ?

R. — La cour de cassation a établi l'affirmative. (*Arr. du* 23 *avril* 1841.)

D. — Le Maire peut-il défendre aux boulangers de pousser des cris bizarres en pétrissant ?

R. — La cour de cassation a établi l'affirmative. (*Arr. du* 21 *novembre* 1828.)

D. — Le Maire peut-il interdire aux logeurs, cabaretiers, cafetiers, et aubergistes, de loger des filles publiques ou de débauche, de les recevoir, ou d'établir des communications intérieures avec leurs demeures ?

R. — La cour de cassation a établi l'affirmative. (*Arr. des* 3 *juillet* 1835, 7 *juillet* 1838, *et* 11 *septembre* 1840.)

D. — Le Maire peut-il défendre aux citoyens d'entrer et de boire dans les cabarets après une certaine heure ?

R. — La cour de cassation a établi l'affirmative. (*Arr. du* 5 *octobre* 1822, 13 *avril* 1833 *et* 20 *janvier* 1837.)

D. — Le simple refus des buveurs de sortir d'un établissement public, peut-il être un moyen d'excuse pour le contrevenant ?

R. — La cour de cassation a établi la négative. (*Arr. du* 1er *février* 1833) ; mais il n'y aurait de sa part aucune contravention, si, par des altercations et des violences, les buveurs avaient mis l'aubergiste dans l'impossibilité de les faire sortir.

D. — Lorsqu'un aubergiste ou cabaretier, prouve qu'il a été empêché par les buveurs de fermer son établissement, doit-il être renvoyé de la plainte conformément à l'art. 159 du code d'instruction criminelle, et les buveurs deviennent-ils dès-lors passibles de l'amende ?

R. — La cour de cassation a établi l'affirmative. (*Arr. du* 7 *juillet* 1827, *Bost et Daussy, pages* 85 *et* 86.)

D. — Lorsqu'il est constaté par un procès-verbal régulièrement dressé, qu'un individu a contrevenu à un règlement de police qui défendait aux cabaretiers, limonadiers, etc., de tenir leurs maisons ouvertes après une certaine heure de la nuit, le tribunal de police peut-il relaxer le contrevenant, sous le prétexte que l'usage de tolérer l'ouverture des cafés jusqu'à une heure plus avancée, impliquait l'abrogation dudit arrêté?

R. — La cour de cassation a établi la négative. (*Arr. du* 19 *novembre* 1846.)

D. — Lorsqu'un arrêté municipal a ordonné d'une manière absolue, que les cafés, cabarets, salles de billards, seraient fermés à une certaine heure, l'aubergiste surpris à table dans sa cuisine, après l'heure fixée avec plusieurs de ses parents et amis ne demeurant pas avec lui, contrevient-il à cet arrêté?

R. — La cour de cassation a établi l'affirmative, (*Arr. des* 24 *février* 1842 *et* 18 *avril* 1845 : *journal du palais.*)

D. — Des individus trouvés dans un café après l'heure fixée par un règlement municipal, peuvent-ils être renvoyés des poursuites dirigées contre eux, sous le prétexte qu'ils ne se trouvaient pas dans le café, mais dans la chambre du propriétaire où ils avaient été invités par lui ?

R. — La cour de cassation a établi la négative. (*Arr. des* 8 *décembre* 1832 *et* 5 *février* 1836.)

D. — Lorsqu'un arrêté municipal défend aux aubergistes de garder ou de recevoir après une certaine heure, d'autres voyageurs que ceux arrivant dans leurs auberges pour y coucher, et interdire aux autres d'y rester, le tribunal de police peut-il se refuser d'appliquer la peine légale aux voyageurs contrevenants, sous le prétexte qu'ils étaient étrangers, et à l'aubergiste, par le motif qu'il avait pu croire que ces voyageurs couchaient chez lui ?

R. — La cour de cassation a établi la négative. (*Arr. du* 6 *mars* 1844.)

D. — L'arrêté municipal qui subordonne l'ouverture des cafés à l'autorisation du maire, est-il légal et obligatoire ?

R. — Par arrêt du 6 février 1847, la cour de cassation a décidé qu'un arrêté semblable porterait atteinte à la liberté du commerce et violerait l'art. 7 de la loi du 2—17 mars 1791 ; l'arrêt est ainsi conçu :

» LA COUR : — Vu l'article 471 nº 15, Code pénal, le paragraphe 3 du nº 3, tit. 11, de la loi du 16—24 août 1790 et l'arrêté du maire de Grenoble du 20 février 1820 ; Attendu que ledit arrêté, article premier, prescrit aux personnes qui voudront tenir un café d'en faire préalablement la déclaration à la mairie, et d'obtenir à cet effet une autorisation ;

» Attendu que le jugement attaqué constate que Caroline Schwartz, prévenue, avait fait à la mairie la déclaration prescrite par l'article précité ;

» Attendu que, quant à l'autorisation préalable de la mairie, ledit jugement déclare que ladite Caroline Schwartz n'en était pas pourvue, mais maintient que cette condition n'a pu être légalement imposée par l'arrêté municipal aux personnes qui voudront ouvrir un café ;

« Attendu que l'article 471 du code pénal n'accorde la sanction pénale qu'aux règlements publiés par l'autorité municipale en vertu des lois et spécialement en vertu des articles 3 et 4, titre 11, de la loi du 16—24 août 1790 ;

» Attendu que cette disposition de la loi de 1790 autorise le pouvoir municipal à faire des règlements pour le maintien du bon ordre dans les endroits où il se fait de grands rassemblements d'hommes, tels que foires, marchés, cafés, auberges, etc., etc ;

» Attendu que l'article 7 de la loi postérieure du 2—17 mars 1791 proclame la liberté du commerce et de l'industrie, sous la seule condition d'acquitter l'impôt des patentes, et de se conformer aux règlements de police qui sont ou pourront être faits ;

» Attendu que les règlements de police dont cet article maintient l'exécution ou autorise pour l'avenir la promulgation, ne peuvent s'entendre que de dispositions de simple surveillance, et non pas de prescriptions qui infirmeraient la disposition principale du même article, qui a pour objet direct l'établissement de la liberté du commerce et de l'industrie;

» Attendu que la nécessité d'une autorisation préalable pour l'ouverture d'un café, implique, pour le pouvoir qui doit donner l'autorisation, la faculté de la refuser, et par conséquent, en cas de refus, l'interdiction péremptoire et absolue d'ouvrir ce café; d'où il suit que par là l'autorité municipale pourrait discrétionnairement interdire à certains individus la profession de maître de café, et en réserver le privilége à d'autres, ce qui serait incompatible avec la liberté industrielle promise par la même disposition législative;

» Attendu que les règlements pour le maintien du bon ordre dont parle la disposition précitée de la loi du 16—24 août 1790, ne doivent s'entendre que du droit de surveiller les établissements ouverts au public, et non pas du droit d'en empêcher l'ouverture; et qu'ainsi le principe de la nécessité irritante de l'autorisation préalable serait la négation de la surveillance;

» Attendu que les inconvénients auxquels l'arrêté municipal de Grenoble a voulu remédier en prescrivant la nécessité d'une autorisation préalable pour ouvrir un café, sont prévus et punis par les dispositions répressives des lois en vigueur;

» Attendu que l'article premier du règlement municipal de Grenoble, en subordonnant l'ouverture d'un café à l'autorisation préalable de la mairie, a violé l'article 7 de la loi du 2-17 mars 1791 ; d'où il suit que cette disposition a été prise en dehors des attributions déterminées par le paragraphe 3, titre 11, de la loi du 16-24 août 1790; et qu'en refusant de punir Caroline Schwartz pour avoir ouvert un café après déclaration, mais sans autorisation, le jugement attaqué, loin de violer aucune loi, n'a fait que se conformer au numéro 15 de l'article 471 code pénal.: REJETTE.

D. — Le maire peut-il interdire aux logeurs, cabaretiers, cafetiers et à tous particuliers de louer même des chambres non garnies aux étrangers non munis d'un permis de séjour?

R. — La cour de cassation a établi l'affirmative. (*Arr. des* 10 *octobre* 1833 *et* 6 *août* 1841 : *code Teulet,* etc.)

D. — L'autorité municipale peut-elle défendre, par un arrêté, à tout individu de fréquenter les cafés et cabarets après les heures qu'elle indique?

R. — La cour de cassation a établi l'affirmative. (*Arr.* du 12 *juin* 1828.)

D. — L'arrêté de police qui défend aux cabaretiers ou cafetiers de tenir à poste fixe, dans leurs établissements, des musiciens, chanteurs et mimes, est-il pris dans la limite des pouvoirs conférés à l'autorité municipale?

R. — Le conseil d'Etat a résolu affirmativement la question. (*Arr. du* 7 *juillet* 1838.)

D. — Le maire peut-il interdire l'ouverture de salles de jeu sans autorisation?

R. — La cour de cassation a établi l'affirmative. (*Arr. des* 6 *décembre* 1833 *et* 22 *avril* 1837.)

D. — Le refus de loger des militaires répartis par le maire constitue-t-il une contravention punie par l'article 471 n° 15, du code pénal?

R. — La cour de cassation a établi l'affirmative. (*Arr. des* 14 *mars* 1834, 10 *septembre* 1836 *et* 23 *avril* 1842.)

D. — L'arrêté d'un maire qui dispose par des considérations de police et dans l'intérêt du bon ordre, que pendant les jours de la fête patronnale il ne pourra être donné des bals publics que dans les lieux fixés par la commune, est-il légal et obligatoire?

R. — La cour de cassation a établi l'affirmative. (*Arr. du* 23 *décembre* 1842.)

D. — Un bal dans un lieu public peut-il avoir lieu sans l'autorisation de l'autorité municipale?

R. — La cour de cassation a établi la négative. (*Arr. du* 30 *avril* 1846.)

D. — Le règlement d'un maire qui, afin de faciliter la surveillance de la police, ordonne que le jour de la fête de la commune, des violons s'établiront sur la place publique, et défend aux habitants de faire danser dans leurs maisons, entre-t-il dans les attributions de police confiées au maire?

R. — La cour de cassation a établi l'affirmative. (*Arr. du* 1er *août* 1823.)

D. — Y a-t-il contravention à l'arrêté d'un maire qui défend la vente de certaines marchandises ailleurs qu'au marché, dans le fait de louer une chambre et de s'y livrer à la vente de ces marchandises?

R. — L'affirmative a été prononcée par arrêt de la cour de cassation du 30 juillet 1829.)

D. — Les maires, chargés par la loi du 16-24 août 1790, de la police de tous les lieux publics, peuvent-ils fixer les heures où les marchands de grains et blatiers patentés seront autorisés à acheter dans les lieux publics?

R. — La cour de cassation a jugé dans un sens affirmatif. (*Arr du 4 février* 1826.)

D. — L'arrêté d'un maire qui ordonne que les ventes aux enchères ou au rabais ne pourront être faites ou continuées à la lumière, et qu'elles auront lieu en plein jour, est-il obligatoire?

R. — La cour de cassation a établi l'affirmative. (*Arr. du* 16 *octobre* 1847 : *journal du palais.*)

D. — Les préfets ont-ils le droit de prescrire directement des règles sur la police des foires, marchés et autres lieux publics?

R. — La cour de cassation a établi l'affirmative. (*Arr. du* 6 *mars* 1823.)

D. — Les règlements qui ont pour objet la fidélité du débit dans les marchés, halles et ports, ont-ils un caractère légal, lorsqu'ils n'ont pas reçu l'approbation du gouvernement?

R. — La cour de cassation a consacré la négative. (*Arr. du* 15 *mars* 1822 : *Sirey*, *tome* 22, *p.* 213.)

D. — Le règlement portant injonction à tous individus qui amènent des comestibles et des denrées destinées à l'approvisionnement de la commune de les conduire directement au marché, pour y être soumis à l'inspection de la police et aux droits de plaçage, est-il obligatoire?

R. — La cour de cassation a établi l'affirmative. (*Arr. du* 15 *juillet* 1830.)

D. — Y a-t-il contravention à un règlement municipal qui défend à tout revendeur de comestibles, de s'introduire dans les marchés, et d'y marchander et acheter aucune desdites denrées avant une certaine heure, par cela seul qu'un revendeur s'est introduit dans un marché avant l'heure fixée?

R. — La cour de cassation a établi l'affirmative. (*Arr. du* 24 *juin* 1831.)

D. — L'arrêté qui défend à tous marchands d'exposer en vente leurs bestiaux et marchandises, les jours de foire, ailleurs que dans un terrain déterminé, rentre-t-il dans les attributions de police confiées aux maires?

R. — La cour de cassation a établi l'affirmative. (*Arr. du* 10 *octobre* 1823.)

D. — L'autorité municipale peut-elle, par voie de règlement de police, défendre aux revendeurs de comestibles d'acheter des denrées, soit au marché, soit ailleurs, avant que les habitants se soient approvisionnés pendant les deux premières heures de l'ouverture du marché?

R. — La cour de cassation a établi l'affirmative. (*Arr. du* 27 *novembre* 1841.)

D. — Lorsqu'un règlement de police porte que des denrées spécifiées auront un poids déterminé, le juge de police peut-il, sans violer les règles de la juridiction, se dispenser de réprimer les contraventions qui lui sont déférées sur cet objet, en admettant en faveur des contrevenants, des excuses qui ne sont pas autorisées?

R. — La cour de cassation a établi la négative. (*Arr. du* 20 *juin* 1828.)

D. — Un maire peut-il défendre de vendre du poisson frais ailleurs qu'à la halle et avant de l'avoir fait examiner et recevoir par la police?

R. — La cour de cassation a établi l'affirmative. (*Arr. des* 20 *juin* 1828 *et* 15 *juillet* 1830.)

D. — Le maire peut-il interdire aux épiciers et marchands de poisson, d'étaler de la morue, ou tout autre poisson salé, trempé dans un vase d'eau placé dans leur boutique?

R. — La cour de cassation a établi l'affirmative. (*Arr. du* 26 *janvier* 1821.)

D. — Le maire peut-il imposer l'obligation aux entrepreneurs de vidanges, de ne se servir que de voitures d'une construction déterminée par un règlement de police?

R. — La cour de cassation a établi l'affirmative. (*Arr. du* 13 *août* 1847 : *journal du palais.*)

D — L'infraction à un règlement municipal fait pour assurer la perception d'un droit de mesurage de grains, autorise-t-elle l'application d'une peine de police?

R. — La cour de cassation a établi la négative. (*Arr. du* 24 *février* 1820.)

D. — L'exercice d'une profession, d'un art, d'un

métier ou négoce, peut-il être soumis à des restrictions imposées par l'autorité municipale ?

R. — La cour de cassation a établi l'affirmative. (*Arr. du* 13 *avril* 1833 : *Dall. année* 1833.)

D. — Le maire peut-il ordonner, par crainte d'une épidémie, aux tripiers et autres industriels de ce genre de transporter leur industrie hors de la ville ?

R. — La cour de cassation a établi l'affirmative. (*Arr. du* 13 *novembre* 1835.)

D. — Le maire peut-il faire fermer un établissement insalubre non autorisé ?

R. — La cour de cassation a établi l'affirmative. (*Arr. des* 14 *mai* 1830 *et* 14 *février* 1833.)

D. — Les tribunaux de simple police sont-ils compétents pour appliquer une peine et ordonner la suppression d'un établissement insalubre qui s'est formé sans autorisation ?

R. — La cour de cassation a établi l'affirmative. (*Arr. du* 27 *juillet* 1827 : *Sirey, tome* 27, *page* 502.)

D. — Les contraventions commises par des entrepreneurs d'établissements insalubres, soit par défaut d'autorisation, soit par inexécution des conditions qui leur ont été imposées, doivent-elles être regardées comme des infractions aux lois des 14 décembre 1789, 16-24 août 1790 et 19-22 juillet 1791 ?

R. — La cour de cassation a consacré l'affirmative, en décidant que ces contraventions doivent être punies des peines portées en l'article 471, n° 15, du code pénal.

D. — Le transport d'un établissement insalubre,

qui est déjà autorisé, est-il assujetti à la nécessité d'une nouvelle autorisation, par le fait du changement de lieu?

R. — La cour de cassation a établi l'affirmative. (*Arr. du* 16 *juin* 1834.)

D. — Lorsqu'un établissement nouveau, non compris dans la nomenclature annexée à l'ordonnance du 14 janvier 1815, a été classé par arrêté du préfet au nombre des établissements insalubres ou incommodes, et que défense a été faite au propriétaire d'en continuer la construction ou la mise en activité, les tribunaux de police sont-ils compétents pour réprimer les contraventions à un tel arrêté?

R. — La cour de cassation a consacré l'affirmative. (*Arr. du* 14 *mai* 1830.)

D. — Celui qui forme dans une ville un établissement de mégisserie pour lequel l'autorisation lui a été refusée par l'autorité administrative, par des motifs de salubrité, doit-il être puni des peines de simple police?

R. — La cour de cassation a établi l'affirmative. (*Arr. du* 27 *juillet* 1827.)

D. — Lorsqu'un individu soutient que l'atelier incommode ou insalubre qu'il a formé existait avant le décret du 15 octobre 1810, le tribunal de police doit-il statuer, ou se borner à surseoir, en fixant un délai dans lequel le prevenu devra rapporter la décision de l'autorité administrative?

R. — La cour de cassation a décidé qu'il devait se borner à surseoir. (*Arr. du* 14 *février* 1833.)

D. — L'arrêté d'un maire qui, par mesure de sûreté et de salubrité publiques, a ordonné la clôture d'un terrain ouvert sur la voie publique, est-il obligatoire?

R. — La cour de cassation a établi l'affirmative. (*Arr. du* 13 *août* 1846, *journal du palais, année* 1847.)

D. — Les arrêtés faits par les maires dans l'exercice légal de leurs attributions, sont-ils obligatoires, lorsque, pour prévenir les atteintes portées à la décence et à la morale publique, ils déclarent une partie d'une rivière spécialement affectée aux bains des femmes?

R. — La cour de cassation a établi l'affirmative. (*Arr. du* 15 *octobre* 1824.)

D. — Le règlement municipal qui assujettit les filles publiques, soit isolées, soit habitant les maisons de tolérance à se faire visiter à des époques déterminées et à faire constater les visites sur leur livret, est-il légal et obligatoire?

R. — La cour de cassation a établi l'affirmative. (*Arr. du* 3 *décembre* 1847.)

D. — Le fait d'avoir favorisé ou facilité habituellement la débauche de filles mineures, peut-il être excusé sur le motif que ces filles mineures étaient inscrites comme filles publiques?

R. — La cour royale de Douai a établi la négative. (*Arr. du* 5 *février* 1836.)

D. — Les règlements locaux qui fixent le nombre de chevaux qu'un individu peut conduire à l'abreuvoir, sont-ils applicables aux maîtres de poste?

R. — La cour de cassation a établi la négative. (*Arr. du* 8 *septembre* 1808.)

D. — Le maire peut-il interdire aux habitants de s'approvisionner au-dehors de la commune?

R. — La cour de cassation a établi la négative. (*Arr. du* 11 *août* 1842.)

D. — Le maire peut-il prescrire à des filateurs de coton de ne pas vendre et d'enfouir les résidus?

R. — La cour de cassation a établi l'affirmative. (*Arr. du* 12 *juin* 1828.)

R. — Le maire peut-il interdire de mener dans les prés, vignes, bois, en toute saison, les moutons, oies, oisons, etc.?

R. — La cour de cassation a établi l'affirmative. (*Arr. des* 21 *avril* 1827 *et* 31 *mars* 1836.)

D. — L'autorité municipale peut-elle, pour motif de tranquillité, ordonner la fermeture d'un établissement public, toutes les fois qu'il s'y fait du désordre?

R. — La cour de cassation a établi l'affirmative. (*Arr. du mois de juillet* 1835.)

D. — Les maires peuvent-ils faire jeter, enfouir, détruire tout aliment avarié ou corrompu, toute boisson falsifiée, et celui qui conserverait des denrées insalubres dont le maire aurait ordonné la destruction ou l'enfouissement, devrait-il être condamné pour contravention?

R. — La cour de cassation a établi l'affirmative. (*Arr. de* 1828, 1829, 1835, 1837 *et* 1839.)

D. — Les commissaires de police ou leurs agents

revêtus des insignes de l'autorité locale, peuvent-ils exiger l'ouverture d'un lieu public aprés l'heure fixée par elle pour la clôture de ces établissements, lorsque du dehors on y voit de la lumière, et que le bruit qui s'y fait, autorise à penser que tous les consommateurs n'en sont pas sortis?

R. — La cour de cassation a établi la négative. (*Arr. du 7 mars 1839 : journal des communes.*)

D. — Le maire peut-il fixer le temps de défensabilité des prairies naturelles?

R. — La cour de cassation a établi l'affirmative. (*Arr. du 16 décembre* 1841.)

D. — Le maire peut-il interdire la chasse dans un certain rayon pendant les vendanges?

R. — La cour de cassation a établi l'affirmative. (*Arr. du 3 mai* 1834.)

D. — Le maire peut-il prescrire d'attacher un bâton au cou des chiens pour les empêcher d'entrer dans les vignes?

R. — La cour de cassation a établi l'affirmative. (*Arr. du 10 janvier* 1834.)

D. — Le maire peut-il diviser les habitants en plusieurs classes, pour les logements militaires, afin de proportionner la charge à leurs ressources?

R. — La cour de cassation a établi l'affirmative. (*Arr. du 13 août* 1842.)

D. — La défense faite par un règlement municipal aux habitants d'une ville, d'admettre chez eux, comme domestiques, des individus étrangers à la ville qui ne seraient pas porteurs d'une carte de sûreté délivrée au bureau de police, est-elle obligatoire?

R. — La cour de cassation a établi la négative. (*Arr. des* 15 *juillet* 1830 *et* 1er *août* 1845.)

D. — La loi du 22 germinal an XI ne prononçant aucune peine contre le maître qui reçoit un ouvrier sans livret, la contravention à un règlement de police publié pour l'exécution de cette loi, est-elle passible de l'amende fixée par l'article 471, n° 15 du code pénal?

R. — La cour de cassation a établi la négative. (*Arr. du* 22 *février* 1840.)

D. — Les auteurs de contravention à des arrêtés qui ordonnent, à certaines époques de l'année, la fermeture de colombiers, peuvent-ils être relaxés par les tribunaux de police, par le motif que la loi du 4 août 1789 ne prononce aucune peine?

R. — La cour de cassation a établi la négative, attendu que l'article 471, n° 15, du code pénal, qui pose une règle générale, est applicable aux arrêtés sur cet objet. (*Arr. des* 5 *février* 1845 *et* 7 *novembre* 1844.) Nous pensons que cette question a été mieux résolue que celle qui la précède.

D. — Les règlements de police que les maires ont le droit de faire sur les objets qui leur sont attribués par la loi, ont-ils besoin, pour être obligatoires, d'être soumis à l'approbation du préfet?

R. — La cour de cassation a établi la négative. (*Arr. du* 19 *février* 1835.)

D. — Le maire peut-il fixer l'heure de la fermeture des théâtres?

R. — La cour de cassation a établi l'affirmative. (*Arr. du* 8 *août* 1840.)

D. — Le maire peut-il interdire aux acteurs de rien changer, ajouter ni retrancher à leurs rôles ?

R. — La cour de cassation a établi l'affirmative. (*Arr. du* 4 *avril* 1835.)

D. — Un règlement portant que les ouvriers, pour être admis à travailler sur le port d'une commune, doivent être nommés et commissionnés par le maire, rentre-t-il dans les attributions confiées à l'autorité municipale ?

R. — La cour de cassation a établi l'affirmative. (*Arr. des* 12 *avril* 1822 : *Sirey*, *tome* 22, *page* 367 *et* 2 *novembre* 1841.)

D. — L'exercice illégal de l'art de guérir, sans usurpation du titre de docteur ou d'officier de santé, constitue-t-il un délit ou une contravention ?

R. — La cour de cassation a établi que ce fait constituait simplement une contravention de police. (*Arr. des* 18 *mars* 1825 *et* 12 *novembre* 1841 : *voyez la loi du* 19 *ventôse an XI.*)

D. — Les contraventions aux dispositions prévues par l'article 3, n° 2, du titre 11 de la loi du 16-24 août 1790, par l'article 19, titre 1er de la loi du 19-22 juillet 1791, et par l'article 605, n° 8, du code, du 3 brumaire an IV, concernant les rixes, voies de fait ou violences légères, n'ayant point été reproduites dans le code pénal modifié, doivent-elles être rangées au nombre de celles que la loi punit des peines de simple police, d'après le n° 15 de l'article 471 du code pénal ?

R. — La cour de cassation a établi l'affirmative. (*Arrêt du* 3 *mars* 1832 : *Dall., année* 1832.)

D. — Le fait, par plusieurs individus, d'avoir saisi au corps et étreint une personne de manière à lui ôter l'usage de ses bras et de lui avoir enduit le visage d'immondices, constitue-t-il une voie de fait ou violence légère punie par les articles 605 et 606 du code; du 3 brumaire an IV ?

R. — Cette question a été résolue affirmativement par arrêt du 25 mars 1847.

D. — L'autorité administrative peut-elle ordonner des rondes de nuit, formées par des citoyens imposés aux rôles des contributions directes, afin de prévenir les tentatives d'incendies ?

R. — La cour de cassation a établi l'affirmative. (*Arr. du* 22 *juillet* 1819: *Sirey*, *tome* 19, *page* 382.)

D. — La contravention à l'arrêté d'un préfet qui règle l'exploitation des carrières à ciel ouvert, est-elle passible des peines portées par l'article 471, n° 15, du code pénal ?

R. — La cour de cassation a établi l'affirmative. (*Arr. du* 29 *août* 1845.)

D. — Celui qui, sans être peseur public, et au mépris de la prohibition portée par un arrêté municipal, s'interpose entre vendeurs et acheteurs, et s'immisce dans l'exercice du mesurage public dans l'enceinte des ports et marchés, est-il passible de la peine portée par l'article 471, n° 15, du code pénal ?

R. — La cour de cassation a établi l'affirmative. (*Arr. du* 8 *avril* 1847 : *journal du palais, année* 1849.)

D. — L'arrêté du maire qui défend de jouer de l'argent au jeu de cartes dans les cafés, cabarets et autres lieux publics, est-il légal et obligatoire?

R. — La cour de cassation a établi l'affirmative. (*Arr. du* 3 *juin* 1848.)

Explication de l'art. 475 du Code pénal.

No 1. — *Bans.*

QUESTIONS.

D. — Le ban de vendanges, qui est fait par le maire, est-il obligatoire lorsqu'un enclos est divisé entre plusieurs propriétaires?

R. — La cour de cassation a établi l'affirmative. (*Arr. des* 18 *août* 1827 *et* 5 *août* 1830.)

D. — Y a-t-il contravention lorsque la vendange est faite avant la publication du ban?

R. — La cour de cassation a établi l'affirmative. (*Arr. du* 23 *février* 1836.)

D. — Les contrevenants aux arrêtés des maires sur les vendanges, peuvent-ils être renvoyés des poursuites, sous prétexte d'un usage contraire aux règlements existants sur cet objet?

R. — La cour de cassation a établi la négative. (*Arr. du* 3 *janvier* 1828 : *bull. des arrêts.*)

D. — Une vigne peut-elle être réputée en état de

clôture, et comme telle non assujettie aux règlements sur le ban des vendanges, si les fossés qui l'entourent n'ont pas 12 décimètres 99 millimètres d'ouverture, et 6 décimètres 50 millimètres de profondeur ?

R. — La cour de cassation a établi la négative. (*Arr. du* 24 *juillet* 1845.)

D. — Lorsqu'un arrêté municipal fixe l'époque de l'ouverture des vendanges sans distinguer entre les vignes hautes et les vignes basses, le tribunal saisi d'une contravention à cet arrêté, peut-il relaxer le prévenu de la plainte, en se fondant sur cette distinction et sur un prétendu usage qui l'autorise ?

R. — La cour de cassation a établi la négative. (*Arr. du* 13 *février* 1845.)

N° 2. — *Aubergistes.* — *Logeurs.*

QUESTIONS.

D. — L'arrêté municipal qui prescrit aux aubergistes, logeurs ou maîtres de maisons garnies de représenter le registre tenu par eux tous les mois à la mairie et en outre de le présenter à demeure aux commissaires et agents de police qui se présentent dans leurs maisons, est-il obligatoire ?

R. — La cour de cassation a établi l'affirmative. (*Arr. du* 14 *octobre* 1847.)

D. — Un aubergiste ou hôtelier peut-il, à son gré, refuser ou accorder asile à un voyageur ?

R. — Cette question doit être résolue négativement en vertu des art. 19, 20, 21 de l'ordonnance du 20 janvier 1563 et de la combinaison des art. 475 et 484 du code pénal ?

D. — L'arrêté pris par un maire pour défendre aux logeurs de recevoir chez eux des mendiants et de leur donner asile, est-il obligatoire?

R. — La cour de cassation a établi la négative. (*Arr. du* 12 *juin* 1845.)

D. — Un commissaire de police a-t-il le droit d'exiger que les registres des logeurs, aubergistes, lui soient présentés à son bureau à des époques périodiques fixées d'avance d'une manière générale ?

R. — La cour de cassation a établi la négative. (*Arr. du* 24 *avril* 1845.)

D. — L'aubergiste prévenu de n'avoir pas inscrit, sur un registre qu'il est obligé de tenir, des ouvriers logeant chez lui depuis plusieurs jours, peut-il être renvoyé de la poursuite, sous prétexte que ces ouvriers sont domiciliés dans le canton et connus de l'autorité locale ?

R. — La cour de cassation a consacré la négative. (*Arr. du* 20 *novembre* 1845.)

D. — L'autorité municipale a-t-elle seule le droit de prescrire, par un règlement, aux hôteliers, logeurs et aubergistes, d'apporter à des jours déterminés, au bureau de police, le registre sur lequel ils inscrivent les noms des voyageurs ?

R. — La cour de cassation a établi l'affirmative. (*Arr. du* 24 *avril* 1846.)

D. — Des propriétaires de maisons qui, pendant

un temps de foire, louent sans prendre patente, des appartements garnis, peuvent-ils être considérés comme logeurs ?

R. — La cour de cassation a consacré la négative (*Arr. du* 18 *mai* 1825.)

No 3. — *Rouliers.* — *Charretiers.*

QUESTIONS.

D. — Le voiturier, qui abandonne les guides de ses chevaux, peut-il être excusé sous le prétexte qu'il serait allé resserrer la mécanique de sa voiture?

R. — La cour de cassation a établi la négative. (*Arr. des* 20 *janvier* 1837 *et* 22 *août* 1845.)

D. — La défense faite à toute personne par l'arrêté d'un maire, de conduire dans les rues et places publiques, chacune plus de trois chevaux, d'en faire marcher plus de deux de front, et de faire claquer les fouets, rentre-t-elle dans l'exercice du pouvoir municipal ?

R. — La cour de cassation a établi l'affirmative. (*Arr. du* 18 *novembre* 1824.)

D. — Les peines de police sont-elles essentiellement applicables à ceux qui contreviennent aux ordonnances du roi, dans tout ce qui intéresse la sûreté et la commodité des citoyens ?

R. — La cour de cassation a établi l'affirmative. (*Arr. du* 26 *avril* 1828.)

N° 4. *Voitures. — Voituriers.*

QUESTIONS.

D. — Les charretiers, rouliers, conducteurs de voitures et de bêtes de trait ou de charge, qui sont dans l'obligation de se tenir constamment à portée de leurs chevaux, bêtes de trait ou de charge, peuvent-ils être relaxés par les tribunaux sur les motifs qu'ils ne se trouvaient, au moment où la contravention a été constatée, ni dans le voisinage des habitations, ni en présence d'aucun embarras, et qu'ils pouvaient, étant montés sur leurs charrettes, facilement guider les animaux qui les traînaient?

R. — La cour de cassation a établi la négative. (*Arr. du* 8 *mars* 1845.)

D. — Le refus de faire peser une voiture constitue-t-il une infraction à l'article 475, n° 4, du code pénal?

R. — La cour de cassation a établi l'affirmative. (*Arr. du* 19 *juin* 1835.)

D. — L'excès de hauteur du chargement des voitures et le défaut d'indication des places et de leurs prix, constitue-t-il une contravention?

R. — La cour de cassation a établi l'affirmative. (*Arr. des* 9 *septembre* 1826, 19 *novembre* 1826 *et* 20 *décembre* 1828.)

N° 5. *Jeux de loterie et de hazard.*

QUESTIONS.

D. — L'individu qui, pour éluder l'exécution d'un arrêté de police, transfère les jeux de son café, après une certaine heure, au premier étage de sa maison, se trouve-t-il en contravention ?

R. — La cour de cassation a établi l'affirmative. (*Arr. du 5 avril* 1814.)

D. — La tenue du jeu de hazard ou de loterie dans un lieu public, doit-elle être punie lorsque le gain est destiné aux pauvres ?

R. — La cour de cassation a établi l'affirmative. (*Arr. des* 26 *mars et* 26 *mai* 1813.)

D. — Le fait de laisser jouer de l'argent au jeu de cartes, contrairement à un arrêté du maire, peut-il être excusé par le motif que l'autorité municipale aurait laissé tomber cet arrêté en désuétude ?

R. — La cour de cassation a établi la négative. (*Arr. du* 3 *juin* 1848.)

D. — Le cabaretier qui donne à jouer dans son établissement le jeu d'écarté, doit-il être puni par le nº 5 de l'article 475 du code pénal ?

R. — La cour de cassation a résolu affirmativement. (*Arr. du* 14 *décembre* 1840.)

D. — Le cabaretier qui laisse jouer dans son établissement le jeu de piquet, commet-il une infraction à l'art. 475, nº 5 du code pénal ?

R. — La cour de cassation a établi la négative. (*Arr. du* 28 *mai* 1841.)

D. — Le délit de plusieurs particuliers prévenus d'avoir donné à jouer à des jeux de hazard, est-il de la compétence du tribunal correctionnel ?

R. — La cour de cassation a consacré l'affirmative. (*Arr. du* 6 *nivôse an IX.*)

D. — Le fait d'avoir établi dans un lieu public des jeux de hazard, peut-il être excusé par cela seul qu'il n'a été joué qu'un coup de dé?

R. — La cour de cassation a établi la négative. (*Arr. du* 26 *mars* 1813.)

D. — La vente, par forme de loterie, d'effets mobiliers, tels qu'un ouvrage imprimé, ou le colportage des billets d'une semblable loterie dans les lieux publics, constitue-t-il la contravention prévue par le n° 5 de l'art. 475 du code pénal?

R. — La cour de cassation a établi l'affirmative.

N° 6. — *Boissons falsifiées.*

QUESTIONS.

D. — Celui qui expose en vente des vins gâtés et corrompus par suite de leur dégénérescence, encourt-il les peines portées par l'art. 475, n° 14, et 477, n° 4, du code pénal?

R. — La cour de cassation a établi l'affirmative. (*Arr. du* 11 *avril* 1846.)

D. — L'altération du lait par l'addition d'une certaine quantité d'eau, constitue-t-il la falsification prévue par le n° 6, de l'art. 475, du code pénal?

R. — La cour de cassation a établi l'affirmative. (*Arr. du* 15 *juin* 1844.)

D. — L'exposition en vente de boissons falsifiées, constitue-t-elle une véritable vente, dans le sens du n° 6 de l'art. 475 du code pénal?

R. — La cour de cassation a établi l'affirmative. (*Arr. du* 10 *août* 1844.)

D. — Lorsque des comestibles gâtés, corrompus ou nuisibles, ont été mis en vente, le juge de police saisi de la contravention, a-t-il seul qualité pour vérifier les faits constitutifs de ladite contravention?

R. — Une ordonnance-arrêt du 11 juin 1845, a consacré l'affirmative.

D. — La confiscation prononcée par l'art. 477 du code pénal, doit-elle avoir lieu dans le cas d'exposition en vente, par un boulanger, de substances gâtées, comme dans le cas de vente effective?

R. — La cour de cassation a établi l'affirmative. (*Arr. du* 29 *avril* 1847.)

D. — Lorsqu'un procès-verbal régulier constate qu'un boulanger a avoué avoir de la farine de mauvaise qualité, cette contravention au règlement local peut-elle être niée par le juge de police, sous prétexte qu'elle ne serait pas suffisamment prouvée?

R. — La cour de cassation a établi la négative. (*Arr. du* 18 *février* 1847.)

D. — Le marchand qui vend frauduleusement, comme farine propre à la panification, une denrée mélangée de substances étrangères et nuisibles, commet-il le délit prévu par l'article 123 du code pénal?

R. — La cour de cassation a établi l'affirmative. (*Arr. du* 27 *janvier* 1848.)

D. — Lorsqu'un tribunal de police a reconnu que des vins appartenant à un marchand et destinés au commerce, sont mélangés d'eau, doit-il ordonner qu'ils soient répandus?

R. — La cour de csssation a établi l'affirmative. (*Arr. du* 19 *février* 1818.)

D. — Le marchand qui a falsifié avec de l'eau seulement, les vins qu'il expose en vente, doit-il être condamné aux peines portées par les art. 475, n° 6, et 477 du code pénal?

R. — La cour de cassation a établi l'affirmative. (*Arr. du* 9 *février* 1843.)

N° 7. — *Animaux malfaisants.*

QUESTIONS.

D. — L'arrêté d'un maire qui ordonne aux propriétaires de chiens, de les enfermer ou de les tenir à l'attache pendant un délai déterminé, a-t-il besoin de l'approbation du préfet pour être obligatoire?

R. — La cour de cassation a établi la négative. (*Arr. du* 7 *mai* 1825.)

D. — Un chien attaché sous une charrette, dans une rue, et qui sans provocation a mordu un passant, est-il réputé en état de divagation?

R. — La cour royale de Rouen a établi l'affirmative. (*Arr. du* 19 *octobre* 1827.)

D. — Un particulier qui s'introduit dans une cour close, et qui y est mordu par un chien, peut-il se pourvoir au tribunal de police contre le propriétaire de ce chien, afin de le faire condamner à des peines de simple police?

R. — La cour de cassation a établi la négative. (*Arr. du* 12 *février* 1808.)

D. — Le maître est-il responsable du dommage causé par la férocité des animaux domestiques qui servent à son usage ?

R. — La cour de cassation a établi l'affirmative. (*Arr. du* 24 *mai* 1810.)

D. — Le chien qui, sans avoir été excité, s'est jeté sur un passant, doit-il être considéré comme un animal malfaisant ?

R. — La cour de cassation a établi l'affirmative. (*Arr. des* 9-11 *novembre* 1843.)

D. — Lorsqu'un procès-verbal régulièrement dressé, constate que le chien d'un individu a été saisi sur la voie publique, sans être tenu en laisse ni muselé, le tribunal de police peut-il relaxer le contrevenant, sur le motif que le chien venait de s'échapper et traînait encore après lui le lien qui servait à le retenir en laisse ?

R. — La cour de cassation a établi la négative. (*Arr. du* 4 *octobre* 1845.)

D. — Le fait de laisser vaguer des chevaux dans les rues d'une ville, rentre-t-il dans l'application de l'art. 475, nº 7, du code pénal ?

R. — La cour de cassation a établi l'affirmative. (*Arr. du* 27 *octobre* 1822.)

Nº 8. — *Jet de pierres. — Jet d'immondices.*

QUESTIONS.

D. — Si le jet de pierres détruisait et dégradait les clôtures, brisait une vitre, causait des blessures ou occasionnait la chute de personnes, devrait-il être puni par les art. 309 et suivants, du code pénal?

R. — La cour de cassation a établi l'affirmative, (*Arr. du* 7 *avril* 1831.)

D. — Le fait de barbouiller d'ordure la porte d'une maison, est-il prévu par le n° 8 de l'art. 475 du code pénal?

R. — La cour de cassation a consacré l'affirmative. (*Arr. du* 13 *mai* 1831.)

D. — L'heure avancée, la bonne foi ou la préoccupation du prévenu, peuvent-elles servir d'excuse au prévenu du jet d'immondices?

R. — La cour de cassation a établi la négative. (*Arr. du* 22 *février* 1844.)

D. — La contravention prévue et spécifiée dans le n° 8 de l'art. 475 du code pénal, existe-t-elle de la part des individus qui jettent des boules de mail dans un enclos bordant un chemin public, si le jeu de mail a été autorisé?

R. — La cour de cassation a établi l'affirmative. (*Arr. du* 7 *août* 1847.)

N° 9. — *Terrains. — Fruits. — Passage.*

QUESTIONS.

D. — Le fait d'avoir franchi la clôture d'une vigne chargée de fruits, constitue-t-il le délit prévu par l'article 475, n° 9 du code pénal?

R. — La cour de cassation a établi l'affirmative. (*Arr. du* 25 *octobre* 1825.)

D. — Le fait, par un propriétaire d'un terrain enclavé, d'avoir passé, pour la culture et l'enlèvement de ses récoltes sur des terrains ensemencés, peut-il être puni par les numéros 9 et 10 de l'art. 475 du code pénal ?

R. — La cour de cassation a décidé négativement. (*Arr. du* 25 *avril* 1846 ; *journal du palais.*)

D. — L'individu qui chasse sur un terrain non clos, pendant qu'il est chargé de fruits, se rend-il coupable du délit prévu et puni par l'article premier de la loi des 28 et 30 avril 1790?

R. — La cour de cassation a établi l'affirmative. (*Arr. du* 16 *novembre* 1837, *voyez aussi les numéros* 9, 13 *et* 14 *de l'art.* 471.)

N° 10. — *Bestiaux.* — *Passage.* — *Terrain d'autrui.*

QUESTIONS.

D. — Le fait d'avoir conduit des chevaux sur le terrain d'autrui ensemencé, doit-il être puni des peines de l'art. 475, n° 10, du code pénal?

R. — La cour de cassation a établi l'affirmative. (*Arr. du* 25 *juin* 1825.)

D. — Les gendarmes qui, en poursuivant un déserteur, sont entrés à cheval dans une pièce de terre ensemencée, sont-ils justiciables, à raison de ce fait, des tribunaux de police?

R. — La cour de cassation a établi l'affirmative. (*Arr. du* 26 *février* 1825 : *Sirey, tome* 25, *page* 335.)

D. — Lorsqu'il est constant qu'un individu a fait

ou laissé passer une voiture attelée de plusieurs chevaux sur le terrain d'autrui ensemencé, le tribunal de police doit-il lui faire l'application de l'article 475, n° 10, du code pénal ?

R. — La cour de cassation a établi l'affirmative. (*Arr. du* 25 *juin* 1825.)

D. — Les prairies naturelles sont-elles toujours en production ?

R. — La cour de cassation a établi l'affirmative. (*Arr. des* 23 *mars* 1821, 4 *février* 1830 *et* 6 *octobre* 1837.)

D. — Le passage d'animaux sur le terrain d'autrui ensemencé ou chargé d'une récolte n'ayant produit aucun dommage, doit-il être puni ?

R. — La cour de cassation a établi l'affirmative. (*Arr. des* 16 *décembre* 1835 *et* 12 *septembre* 1822.)

N° 11. — *Monnaies.* — *Refus.*

QUESTIONS.

D. — La monnaie de cuivre et de billon peut-elle être employée dans les paiements ?

R. — Un décret du 18 août 1810, ne le permet que de gré à gré, et un arrêt de la cour de cassation du 18 mai 1810 porte que les règles établies pour les caisses publiques à l'égard de l'emploi de la monnaie de billon pour les appoints, faisaient également règle de particulier à particulier ?

D. — La crainte ou la croyance de la fausseté de la monnaie, peut-elle excuser celui qui l'a refusée ?

R. — La cour de cassation a établi la négative. (*Arr. du* 29 *décembre* 1826.)

N° 12. — *Secours.* — *Refus.*

QUESTIONS.

D. — Les médecins-experts doivent-ils obéir à l'ordre d'assister un officier de police judiciaire dans la constatation d'un crime ou délit?

R. — La cour de cassation a établi l'affirmative. (*Arr. du* 6 *août* 1836.)

D. — Le refus de se mettre à la chaîne, en cas d'incendie, suivi de rebellion, peut-il être excusé par l'arrestation du récalcitrant?

R. — La cour de cassation a établi la négative. (*Arr. du* 8 *octobre* 1842.)

N° 13. — *Distributeurs d'écrits.*

OBSERVATION.

Le n° 13 de l'article 475, n'était que la sanction pénale des art. 284 et 288 du code pénal. Voyez la loi du 27 juillet 1849.)

N° 14. — *Comestibles gâtés.* — *Vente.*

QUESTIONS.

D. — La vente ou l'exposition en vente de comestibles gâtés, corrompus ou nuisibles, doit-elle être punie des peines portées par l'article 475, n° 14, du code pénal?

R. — La cour de cassation a établi l'affirmative. (*Arr. du* 15 (*juillet* 1836,)

D. — Le fait par un boulanger de tenir dans la

maison destinée à son commerce, des farines avariées, gâtées et nuisibles, constitue-t-il une contravention à l'art. 475, nº 14, du code pénal?

R. — La cour de cassation a établi l'affirmative. (*Arr. du* 29 *avril* 1847, *journal du palais.*)

D. — Faut-il la réunion de trois circonstances, ou l'existence d'une seule, pour établir une contravention?

R. — La cour de cassation a établi que l'existence d'une seule suffisait. (*Arr. du* 2 *juin* 1810.)

D. — L'emploi du vitriol dans la fabrication du pain est-il réprimé par l'article 475, nº 14, du code pénal?

R. — La cour de cassation a établi l'affirmative. (*Arr. du* 21 *mai* 1819.)

D. — L'enfouissement d'objets insalubres peut-il être ordonné par mesure de police avant le jugement qui prononce la confiscation?

R. — La cour de cassation a établi l'affirmative. (*Arr. des* 18 *février* 1827 *et* 14 *décembre* 1832.)

D. — La confiscation prononcée par l'article 477 du code pénal, doit-elle avoir lieu dans le cas d'exposition en vente par un boulanger, de substances gâtées, comme dans le cas de vente effective?

R. — La cour de cassation a établi l'affirmative. (*Arr. du* 29 *avril* 1847.)

D. — L'autorité municipale a-t-elle le droit de faire détruire, avant jugement, les comestibles reconnus par les gens de l'art comme gâtés ou corrompus?

R. — La cour de cassation a établi l'affirmative. (*Arr. du* 13 *mai* 1833.)

N° 15. — *Récoltes. — Maraudage.*

QUESTIONS.

D. — Les délits ruraux et notamment les petits vols de bois et maraudages, doivent-ils encore aujourd'hui être punis par la loi du 28 septembre 1791 sur la police rurale?

R. — La cour de cassation a établi l'affirmative. (*Arr. du* 19 *février* 1813.)

D. — Le maraudage commis avec des sacs ou des tabliers, constitue-t-il un délit de police correctionnelle?

R. — La cour de cassation a établi l'affirmative. (*Arr. du* 21 *avril* 1826.)

D. — La tentative de maraudage est-elle punie par la loi?

R. — La cour de cassation a établi la négative. (*Arr. du* 31 *janvier* 1828.)

D. — Le tribunal de police est-il compétent pour statuer sur un délit de maraudage, lorsque le dommage est indéterminé et que par suite la quotité l'est aussi?

R. — La cour de cassation a établi la négative. (*Arr. du* 15 *février* 1828.)

D. — Le maraudage comme le vol supposent-ils l'intention frauduleuse, et admettent-ils l'exception tirée de la bonne foi?

R. — La cour de cassation a établi l'affirmative. (*Arr. du* 27 *février* 1812.)

D. — Pour constituer le vol de récolte dans les champs, est-il nécessaire que les récoltes aient été volées en entier?

R. — La cour de cassation a décidé qu'il suffisait que le voleur en eût enlevé une partie. (*Arr. des* 12 *septembre* 1811, 15 *octobre* 1812 *et* 15 *avril* 1813.)

D. — Le vol de quelques gerbes de blé, dans différentes pièces de terre, constitue-t-il un délit passible du tribunal correctionnel?

R. — La cour de cassation a établi l'affirmative. (*Arr. du* 15 *octobre* 1812.)

D. — Le vol de raisins faisant partie de récoltes, constitue-t-il un délit passible du tribunal correctionnel?

R. — La cour de cassation a établi l'affirmative. (*Arr. du* 12 *février* 1812.) Il en est de même à l'égard des vols de racines de garance laissées sur un terrain ouvert pour sécher. (*Arr. du* 27 *avril* 1831) et à l'égard de vols de pommes de terre mises en tas dans le champ où elles ont été cueillies (*Arr. du* 15 *février* 1814.)

Explication de l'art. 479 du Code pénal.

N° 1. — *Propriétés — Dommages.*

QUESTIONS.

D. — L'empoisonnement d'une volaille sur le terrain d'autrui doit-il être puni par l'article 479 n° 1, du code pénal?

R. — La cour de cassation a établi l'affirmative. (*Arr. du* 17 *août* 1822.)

D. — Peut-on considérer comme un dommage causé volontairement aux propriétés mobilières d'autrui, le bris de prison commis par un détenu pour dettes, dans une tentative d'évasion ?

R. — La cour de cassation a établi la négative. (*Arr. du 20 août 1824.*)

D. — Celui qui cause la mort de volailles appartenant à autrui, dans un terrain dont le maître des volailles n'est ni propriétaire, ni fermier, est-il punissable de la peine prononcée par l'article 479 n° 1, du code pénal ?

R. — La cour de cassation a établi l'affirmative. (*Arr. du 17 août 1822.*)

N° 2. — *Animaux.* — *Accidents* — *Voitures.*

QUESTIONS.

D. — L'art. 479, n°s 2, 3 et 4 du code pénal, prononçant une peine pour les blessures faites involontairement aux animaux d'autrui, et ne contenant aucune disposition pour le cas où ces blessures ont été faites volontairement, faut-il appliquer à ce cas l'article 30, titre 2, de la loi du 28 septembre 1791 ?

R. — La cour de cassation a établi l'affirmative. (*Arr. du 5 février 1818.*)

D. — Y aurait-il délit si des volailles avaient été tuées sur le lieu du dégât qu'elles ont fait, par le possesseur du terrain ?

R. — La cour de cassation a établi la négative par plusieurs arrêts.

D. — Lorsqu'un chien a poursuivi des bestiaux, son maître est-il responsable des accidents que cet animal a occasionnés et passible des peines portées au n° 2, de l'article 479 du code pénal ?

R. — La cour de cassation a établi l'affirmative. (*Arr. du* 10 *août* 1832 : *Dall.*, *année* 1833, *page* 28.)

N° 3. — *Usage d'armes. — Jet de pierres. — Accidents*

QUESTIONS.

D. — Celui qui a frappé avec un bâton et causé des blessures à des animaux sur un chemin vicinal, pour les empêcher de passer, doit-il être puni des peines que prononçent les art. 479, n° 3, et 480 du code pénal, lorsqu'il n'apparaît pas qu'il ait eu l'intention coupable de tuer, blesser ou estropier ces animaux ?

R. — La cour de cassation a établi l'affirmative. (*Arr. du* 29 *juin* 1821.)

D. — Les blessures faites volontairement et méchamment à des animaux appartenant à autrui, sont-elles encore passibles aujourd'hui des peines prononcées par l'art. 30, titre 2, du code rural, des 28 septembre et 6 octobre 1791 ?

R. — La cour de cassation a établi l'affirmative. (*Arr. du* 7 *octobre* 1847.)

N° 4. — *Maisons.* — *Vétusté.* — *Accidents.*

QUESTIONS.

D. — Un maire peut-il ordonner la démolition par les syndics d'une maison menaçant ruine et comprise dans l'actif d'une faillite?

R. — La cour de cassation a consacré l'affirmative. (*Arr. du* 21 *décembre* 1821.)

D. — Les décisions administratives ordonnant la démolition de la façade d'une maison pour cause de péril imminent, sont-elles susceptibles de recours au conseil d'Etat par la voie contentieuse?

R. — Une ordonnance-arrêt du 26 mai 1845, a établi la négative. (*Voir la loi du* 28 *septembre,* 6 *octobre* 1791, *titre* 2, *art.* 30.)

N° 5. — *Faux poids.* — *Fausses mesures.*

QUESTIONS.

D. — La peine prononcée par l'art. 479, n° 5, du code pénal, contre ceux qui ont de faux poids ou de fausses mesures, est-elle applicable au marchand colporteur?

R. — La cour de cassation a établi l'affirmative. (*Arr. du* 12 *juillet* 1822: *Sirey*, *tome* 22.)

D. — Un boucher qui fabrique des chandelles avec le suif provenant des bestiaux par lui abattus, doit-il être considéré comme fabricant en gros, et, par suite, est-il obligé de se munir de l'assortiment de poids obligatoire pour les chandeliers en gros?

R. — La cour de cassation a établi l'affirmative. (*Arr. du* 18 *décembre* 1846 : *journal du palais, an.* 1849.)

D. — Lorsqu'il est constaté par un procès-verbal régulièrement dressé, et non combattu par la preuve contraire, qu'il existait dans les magasins d'un marchand de chaux, des fûts à l'ancienne jauge dont il se servait pour mesurer la chaux qu'il livrait à des pratiques, le tribunal de police saisi de cette contravention, peut-il, sans commettre un excès de pouvoir et violer la foi due au procès-verbal, relaxer le contrevenant, sous prétexte que les fûts dont il s'agit ne lui servaient pas comme mesure?

R. — La cour de cassation a établi la négative. (*Arr. du* 18 *juillet* 1846, *journal du palais, an.* 1849.)

D. — Les commerçants peuvent-ils avoir dans leurs magasins ou boutiques des poids et mesures étrangers au système métrique décimal?

R. — La cour de cassation a établi la négative. (*Arr. des* 8 *juillet* 1842 *et* 8 *septembre* 1843.)

D. — L'aubergiste qui, à raison de sa profession, n'est assujetti qu'à la possession de mesures de capacité, et qui cependant, au mépris d'un arrêté préfectoral, se trouve détenteur de balances et de poids non métriques, peut-il être poursuivi comme ayant contrevenu aux dispositions de la loi du 4 juillet 1837, et par suite être passible des peines portées en l'article 479 du code pénal?

R. — La cour de cassation a établi l'affirmative,

attendu que les dispositions de l'art. 4, de la loi du 4 juillet 1837 sont générales et absolues, et prohibent non seulement l'usage, mais encore la possession de poids et mesures non métriques. (*Arr. du 8 juillet 1842, gazette des tribunaux.*)

D. — Le marchand qui fait usage d'une balance non poinçonnée, est-il passible de l'amende que prononce l'art. 479 du code pénal, et de la confiscation de cette balance ?

R. — La cour de cassation a établi l'affirmative. (*Arr. du 8 septembre 1842.*)

D. — La détention de faux poids, doit-elle être punie malgré leur vérification et la marque du poinçon ?

R. — La cour de cassation a établi l'affirmative. (*Arr. du 17 mai 1821.*)

D. — L'article 479, n° 5, du code pénal, est-il applicable au fabricant ou revendeur qui étale des poids non marqués du poinçon primitif ?

R. — La cour de cassation a consacré l'affirmative. (*Arr. des 18 juin 1835 et 4 mars 1837.*)

D. — Le fondeur qui a de faux poids et de fausses mesures sur son comptoir, destinés à être fondus, doit-il être puni de la peine portée en l'art. 479, n 5, du code pénal ?

R. — La cour de cassation a établi l'affirmative. (*Arr. du 10 décembre 1824.*)

D. — L'art. 479, n° 5, s'étend-il à tous les instruments de pesage ?

R. — La cour de cassation a établi l'affirmative. (*Arr. du 9 août 1828.*)

D. — Une aune marquée sur un bâton ou sur une table, est-elle une mesure légale?

R. — La cour de cassation a établi la négative. (*Arr. du* 25 *août* 1836.)

D. — Un crochet attaché aux chaînons d'un plateau de balance ou une pièce de monnaie placée dans un plateau, constituent-ils la contravention prévue par l'art. 479, nº 5, du code pénal?

R. — La cour de cassation a établi l'affirmative. (*Arr. des* 16 *février* 1839 *et* 29 *novembre* 1839.)

Nº 6. — *Faux poids.* — *Fausses mesures.* — *Usage.*

QUESTIONS.

D. — Lorsqu'un règlement administratif soumet les poids et mesures à la vérification, celui qui fait usage de poids non vérifiés encourt-il une amende de 12 à 25 francs, comme s'il faisait usage de poids non légalement établis?

R. — La cour de cassation a établi l'affirmative. (*Arr. du* 5 *mars* 1813 : *Sirey, tome* 13.)

D. — Celui qui vend du vin dans des bouteilles qui n'ont pas la contenance d'un litre, doit-il être considéré comme employant des mesures différentes de celles qui sont établies par les lois en vigueur?

R. — La cour de cassation a établi l'affirmative, (*Arr. du* 27 *mars* 1823.)

D. — Le fait d'afficher à la porte des magasins, des étiquettes énonçant le prix en monnaie ancienne constitue-t-il une contravention?

R. — La cour de cassation a établi l'affirmative. (*Arr. du* 17 *avril* 1841.)

D. — L'exposition en vente de pains n'ayant pas le poids légal, doit-elle être punie des peines portées au n° 6 de l'article 479 du code pénal?

R. — La cour de cassation a établi que ce fait ne pouvait donner lieu qu'à l'application de l'article 471, n° 15, du code pénal. (*Arr. des* 1 *février* 1833, 13 *mars* 1834, 4 *août* 1838 *et* 4 *octobre* 1839.)

N° 7. — *Songes.* — *Explication.*

OBSERVATION.

Bien que l'on range dans la classe spécifiée au n° 7 de l'art. 479 du code pénal, les tireurs de cartes et tous ceux qui font métier de prétendre découvrir les choses cachées, de prédire l'avenir, etc,, au moyen de certaines pratiques superstitieuses, il ne nous a pas été possible de trouver un seul arrêt qui y eût le moindre rapport.

N° 8. — *Bruits injurieux.* — *Tapages nocturnes.*

QUESTIONS.

D. — Faut-il pour constituer une contravention punissable de l'art. 479, n° 8, du code pénal, que les bruits aient troublé la tranquillité des habitants?

R. — La cour de cassation a établi l'affirmative. (*Arr. des* 2 *août* 1828 *et* 1er *septembre* 1826.)

D. — Les bruits ou tapages injurieux ou nocturnes, troublent-ils par cela même la tranquillité publique?

R. — La cour de cassation a établi l'affirmative. (*Arr. des* 25 *avril* 1834 *et* 5 *septembre* 1835, *journal du palais.*)

D. — Les charivaris sont-ils des bruits injurieux, lorsqu'il n'a pas été proféré d'injures?

R. — La cour de cassation a établi l'affirmative. (*Arr. des* 5 *septembre* 1835 *et* 13 *octobre* 1836.)

D. — Les curieux ou simples spectateurs d'un charivari, peuvent-ils être poursuivis et punis comme complices?

R. — La cour de cassation a établi l'affirmative. (*Arr. des* 5 *septembre* 1835 *et* 30 *novembre* 1831.)

D. — La contravention réprimée par l'art. 479, n° 8, existe-t-elle par le fait du chant nocturne d'une seule personne?

R. — La cour de cassation a établi l'affirmative, (*Arr. du* 2 *août* 1828.)

D. — Le fait d'occasionner du désordre dans un théâtre, doit-il être puni par les peines portées en l'art. 479, n° 8, du code pénal?

R. — La cour de cassation a établi l'affirmative. (*Arr. du* 21 *septembre* 1833.)

D. — Le bruit est-il nocturne, s'il a eu lieu après le coucher du soleil?

R. — La cour de cassation a établi l'affirmative. Elle a décidé que les bruits ou tapages qui avaient lieu à 8 heures du soir au mois de février, et à 7 heures du soir au mois d'octobre, constituaient une contravention à l'art. 479, n° 8, du code pénal. (*Arr. des* 1er *août* 1829 *et* 23 *avril* 1842. (1)

D. — Le charivari fait pendant la nuit devant la maison d'un citoyen, sans aucun outrage ou aucun cri injurieux, est-il réputé tapage nocturne et doit-il être puni des peines prononcées par l'art. 479, n° 8, du code pénal?

R. — La cour de cassation a établi l'affirmative. (*Arr. du* 23 *avril* 1843.)

D. — Le fait de chanter à tue-tête sur la voie publique, dans la nuit, est-il passible de l'amende portée par l'art. 479, n° 8, du code pénal, bien qu'il n'existe pas de règlement local qui le défende?

R. — La cour de cassation a établi l'affirmative. (*Arr. du* 29 *janvier* 1842.)

D. — La peine établie contre les auteurs ou complices de bruits et tapages nocturnes, doit-elle être appliquée à ceux qui font partie du rassemblement faisant le tapage, lors même qu'ils n'auraient porté aucun instrument, ni fait entendre leur voix?

R. — La cour de cassation a établi la négative. (*Arr. des* 24 *janvier* 1835 *et* 5 *juillet* 1822.)

D. — Les charivaris adressés à des fonctionnaires publics, sont-ils des délits correctionnels?

---

(1) Le temps de nuit est ainsi réglé : Du 1er octobre au 31 mars, de 6 heures du soir à 6 heures du matin ; du 1er avril au 30 septembre, de 9 heures du soir à 4 heures du matin. (*Ordonnance du* 29 *octobre* 1820.)

R. — Un arrêt de la cour royale de Bourges, du 20 août 1833, a établi l'affirmative. (*Voyez l'art.* 6 *de la loi du* 25 *mars* 1822.)

D. — Lorsqu'un règlement de police détermine l'heure à laquelle l'exercice des professions bruyantes sera interdit, la peine applicable aux contrevenants doit-elle être celle que prononce l'art. 479, nº 8, du code pénal ?

R. — La cour de cassation a établi que l'art. 479, nº 15, du code pénal, était seul applicable. (*Arr. du* 16 *avril* 1825.)

D. — Les bruits continuels et considérables que causent les lourds marteaux d'un atelier de chaudronnerie, constituent-ils, la nuit, une contravention de police, s'il n'existe pas un règlement qui le défende?

R. — La cour de cassation a établi la négative. Elle a décidé qu'ils ne pouvaient donner lieu qu'à une action civile. (*Arr. des* 17 *septembre* 1822 *et* 18 *juillet* 1845.(1)

D. — L'arrêté municipal qui défend aux boulangers de pousser des cris en pétrissant, est-il obliga-

(1) Ceux qui emploient marteaux ou machines, susceptibles d'occasionner un bruit considérable, doivent interrompre leurs travaux, de 9 heures du soir à 4 heures du matin, du 1er avril au 30 septembre, et de 9 heures du soir à 5 heures du matin en autre temps. (*Loi du* 24 *août* 1790). L'usage de trompette, trombone et autres instruments bruyants, capables de troubler le repos des habitants, est interdit aux mêmes heures. (*Loi du* 24 *août* 1790.)

toire, et les contrevenants à cet arrêté, sont-ils punissables des peines portées par l'art. 479, n° 8, du code pénal?

R. — La cour de cassation a établi l'affirmative. (*Arr. du* 21 *novembre* 1828.)

N° 9. — *Affiches. — Enlèvement.*

QUESTION.

D. — Celui qui arrache une affiche apposée par ordre de l'administration, est-il punissable, s'il n'a pas eu, par ce fait, l'intention d'empêcher que le public pût en connaître le contenu?

R. — La cour de cassation a établi la négative.

N° 10. — *Bestiaux. — Terrain d'autrui.*

QUESTIONS.

D. — L'introduction de bestiaux sur les pâturages d'autrui, constitue-t-elle une contravention à l'article 479, n° 10, du code pénal?

R. — La cour de cassation a établi l'affirmative. (*Arr. du* 30 *août* 1834.)

D. — Celui qui laisse à l'abandon dans un jardin, un âne ou une vache, commet-il la contravention prévue par l'art. 479, n° 10, du code pénal?

R. — La cour de cassation a établi l'affirmative. (*Arr. du* 7 *septembre* 1842.)

D. — Le fait d'avoir introduit des bestiaux dans

une plantation faite de main d'homme, et composée de saules, peupliers et frênes, constitue-t-il la contravention prévue par l'article 479, nº 10, du code pénal ?

R. — La cour de cassation a établi l'affirmative. (*Arr. du* 13 *juin* 1845, *journal du palais.*)

D. — Si les animaux n'avaient fait que passer sans paître, y aurait-il contravention ?

R. — La cour de cassation a établi l'affirmative. (*Arr. du* 14 *juin* 1822.)

Nº 11. — *Chemins publics.* — *Dégradations.*

QUESTIONS.

D. — L'individu qui, en labourant son champ, a dégradé un chemin public, peut-il être renvoyé de la poursuite dirigée contre lui à raison de ce fait, sous le prétexte qu'il lui était presque impossible d'éviter lesdites dégradations, et qu'elles auraient été presque aussitôt réparées.

R. — La cour de cassation a établi la négative. (*Arr. du* 30 *mai* 1846 : *journal du palais, année* 1849.)

D. — Lorsqu'il résulte d'un procès-verbal, et que le fait n'a point été débattu par la preuve contraire, qu'un individu a rendu impraticable un chemin rural d'une commune, le contrevenant peut-il être relaxé de la poursuite, par le motif que le procès-verbal ne mentionne pas expressément que la dégradation a été commise sur un chemin public ?

R. — La cour de cassation a établi l'affirmative. (*Arr. du* 18 *décembre* 1846.)

D. — Le fait, par un individu dont la propriété est contiguë à un chemin déclaré vicinal, d'avoir récuré le fossé de ce chemin et employé une partie des terres enlevées à nettoyer un baradeau qui le longe, pendant qu'une autre partie a été transportée sur le champ voisin, constitue-t-il une contravention aux n°s 11 et 12 de l'art. 479 du code pénal?

R. — La cour de cassation a établi l'affirmative. (*Arr. du* 2 *mai* 1845.)

D. — La disposition de l'art. 479, n° 11, du code pénal, est-elle applicable à tous les chemins publics, classés ou non comme chemins vicinaux?

R. — La cour de cassation a établi l'affirmative. (*Arr. des* 17 *mars* 1837 *et* 2 *avril* 1842.)

D. — L'article 479, n° 11, du code pénal, qui punit d'une amende de 11 à 15 francs ceux qui usurpent sur la largeur des chemins publics, comprend-il les chemins vicinaux comme les chemins ruraux?

R. — La cour de cassation a établi l'affirmative. (*Arr. du* 12 *décembre* 1847 : *journal du palais.*)

D. — Le n° 11 de l'art. 479 du code pénal, est-il applicable à tout embarras ou toute dégradation des chemins ruraux par un fait quelconque?

R. — La cour de cassation a établi l'affirmative. (*Arr. du* 3 *octobre* 1835.)

D. — Le dépôt de fumiers sur un chemin rural constitue-t-il une contravention prévue et punie par l'article 479, n° 11, du code pénal?

R. — La cour de cassation a établi l'affirmative. (*Arr. des* 24 *juin* 1842 *et* 19 *juin* 1846.)

D. — L'acquéreur peut-il être puni pour l'usurpation commise par le vendeur?

R. — La cour de cassation a établi l'affirmative. (*Arr. du* 13 *janvier* 1810.)

N° 12. — *Chemins publics. — Enlèvement de terres.*

QUESTIONS.

D. — L'art 479, n° 12, du code pénal, fait-il une distinction entre les chemins ruraux et les rues des villes et villages?

R. — La cour de cassation a établi la négative. (*Arr. du* 17 *novembre* 1838.)

D. — L'art. 479, n° 12, du code pénal est-il applicable dans le cas où l'enlèvement des gazons, pierres, terres, etc., aurait amélioré la voie publique?

R. — La cour de cassation a établi l'affirmative. (*Arr. du* 17 *novembre* 1838.)

DES FRAIS.

Le décret portant tarif général des frais en matière criminelle, correctionnelle, ou de simple police, contient les articles ci-après:

Art. 2. Sont compris sous la dénomination de frais de justice criminelle, sans distinction des frais d'instruction et de poursuites en matière correctionnelle et de simple police ·

Art. 5. Les frais de mise en fourrière ;

Art. 6. Les droits d'expédition et autres alloués au greffier ;

Art. 7. Le salaire des huissiers ;

Art. 12. Les frais d'impression des jugements ou ordonnances ;

Art. 13. Les frais d'exécution ;

Art. 3. Ne sont pas compris, etc.

Nous venons d'indiquer, à peu de chose près, tout ce qui peut être utile pour rendre une bonne et prompte justice, et sauvegarder les frais du trésor, qui se trouvent souvent compromis par suite du peu de connaissance qu'ont des lois de police, les officiers du ministère public. Cependant notre objet n'est pas encore rempli. Habitué à remarquer que les mauvaises passions s'appuient souvent sur la conduite déplorable de ceux qui devraient donner l'exemple du bien, nous engagerons en terminant les officiers de police judiciaire, et principalement nos collègues, à bien se rappeler que notre devoir à tous est, non-seulement de travailler à l'amélioration, sous le rapport matériel, de la condition de la société, mais aussi à joindre notre influence à celle des personnes sages et éclairées, afin que la religion soit honorée et que les préceptes de la morale soient suivis.

POLICE JUDICIAIRE.

FORMULES D'ACTES.

Procès-verbal *contre un cabaretier qui a gardé du monde après l'heure fixée.*

L'an mil-huit cent...

Nous R... commissaire de police de la ville de..., avons dressé procès-verbal contre le sieur R..., cabaretier, demeurant en cette commune, qui a contrevenu à l'art.... de l'arrêté du..., en gardant, hier soir, plusieurs personnes dans son établissement jusqu'à... heures, ainsi que nous l'avons constaté.

Procès-verbal *rédigé sur une plainte et sur des renseignements pris pour constater un bruit injurieux et nocturne.*

L'an mil-huit cent...

Nous L.., commissaire de police de la ville de...,

Attendu qu'il résulte d'une plainte que nous a portée ce matin, à... heures, le sieur D... propriétaire, demeurant rue... et des renseignements que nous avons pris, que les sieurs L... tonnelier, demeurant..., et B... cordonnier, demeurant..., auraient troublé le repos et la tranquilité publiques, en se battant et en s'adressant réciproquement toutes sortes d'injures, hier soir, à onze heures, sur la place ... nous avons rédigé contr'eux le présent procès-verbal.

Procès-verbal *rédigé contre un aubergiste qui a gardé dans son établissement plusieurs personnes après l'heure fixée.*

L'an mil-huit cent...

Nous L..., commissaire de police de la ville de..., Vu le rapport ci-dessus ou ci-contre, signé des sieurs B... et G..., sergents de ville, duquel il résulte que dans la nuit du... de ce mois, le sieur M..., aubergiste, demeurant rue.... n_0..., aurait conservé plusieurs personnes jusqu'à une heure du matin, dans son établissement, à boire et à jouer aux cartes, nous avons rédigé contre lui le présent procès-verbal, et avons signé.

Procès-verbal *constatant l'arrestation d'un mendiant.*

L'an mil-huit cent... et le... du mois de...,

Nous S... commissaire de police *(ou maire)* de la ville de..., informé qu'un individu venait d'être déposé provisoirement au poste ou à la maison de sûreté, par l'agent de police B..., pour s'être livré à la mendicité et pour avoir proféré toutes sortes d'injures contre cet agent, nous l'avons fait amener immédiatement en notre bureau, et avons procédé de la manière suivante à son interrogatoire :

D. — Quels sont vos nom, prénoms, âge, profession, demeure et lieu de naissance?

R. — G... Louis, âgé de... ans, terrassier, natif de... demeurant en cette ville, rue... n°...

D. — Il résulte d'un rapport de l'agent de police B... que vous auriez été trouvé en flagrant délit de mendicité devant la porte de M..., sise rue... n° ..., et que vous auriez proféré contre cet agent, lorsqu'il a voulu procéder à votre arrestation, toutes sortes d'injures : ce rapport est-il exact?

R. — Je reconnais que j'ai demandé l'aumône au lieu indiqué par l'agent de police; mais je nie avoir proféré des injures à son égard; je lui ai seulement dit ou fait observer que...

Nous, commissaire de police (*ou maire*) susdit et soussigné, attendu que ledit G... se trouve prévenu de mendicité et d'injures envers un agent de la force publique, nous le retenons en état d'arrestation et nous disons qu'il sera conduit par devant M. le Procureur de la République de cet arrondissement.

(*Signature de l'officier de police rédacteur et de l'agent de police B...*)

Interrogatoire d'un individu arrêté la nuit sur la voie publique.

L'an mil-huit cent... et le... du mois de..., Nous C..., commissaire de police de la ville de..., informé par un rapport de l'agent de police R..., qu'un nommé D... avait été arrêté à ... heures, la nuit dernière, faute d'asile et de papiers réguliers, nous l'avons fait conduire devant nous et l'avons interrogé comme suit :

D. — Quels sont vos nom, prénoms, âge, profession, lieu de naissance et demeure? *R*...

D. — Depuis combien de temps demeurez-vous au domicile que vous indiquez? — *R*...

D. — Quels sont vos moyens d'existence? *R*...

D. — Avez vous des papiers de sûreté? *R*...

D. — Comment vous trouviez-vous, cette nuit, à ... heures...? — *R*...

D. — Depuis combien de temps êtes-vous sans ouvrage? — *R*. ...

D. — Avez-vous déjà été arrêté ou repris de justice. — *R*...

Lecture faite, le nommé D... a persisté dans ses réponses et a signé avec nous ;

Et attendu qu'il résulte de l'interrogatoire ci-dessus, que ledit D... se trouve en état de vagabondage, nous l'avons retenu en état d'arrestation et disons qu'il sera conduit par-devant M. le procureur de la République...

Procès-verbal *à ajouter aux rapports des appariteurs ou sergents de ville, pour constater des contraventions.*

L'an mil-huit cent... et le... du mois de...,

Nous, commissaire de police de la ville de..., soussigné : vu le rapport qui précède, et attendu que le nommé N... a contrevenu à l'art... de l'arrêté du... avons dressé contre lui le présent procès-verbal.

Procès-verbal pour délit de chasse.

L'an mil-huit cent...

Nous, C..., garde champêtre de la ville de.., assermenté en justice et revêtu de notre plaque, passant sur le chemin de... avons aperçu à environ.... mètres de nous, un individu qui chassait dans une vigne appartenant à M..., avec un fusil à deux coups et à piston, ayant avec lui un chien courant. Nous étant approché de lui, nous l'avons requis de nous exhiber : 1° son permis de port d'armes ; 2° l'autorisation du propriétaire du terrain sur lequel il chassait. Ce à quoi n'ayant pu satisfaire, nous l'avons interpellé de nous dire ses nom et prénoms, âge, demeure et profession. A quoi il nous a répondu se nommer D... L.., être âgé de... ans, demeurer à.. et exercer la profession de... Nous lui avons ensuite déclaré le présent procès-verbal.

Formule.

L'an mil-huit cent...

Par-devant nous, maire de la commune de.. : est comparu le sieur... garde champêtre de cette commune, lequel, après lecture par nous faite du Procès-Verbal qui précède, l'a, avec serment, affirmé sincère et véritable, et a signé avec nous.

Réquisitoire

Pour obtenir le secours de la force-armée.

Nous, commissaire de police de la ville de..., soussigné, requérons, en vertu de l'art. 25 du code d'instruction criminelle, le commandant de la force publique de..., de nous prêter secours de la troupe de ligne (*ou toute autre force*) sous ses ordres, pour... (*indiquer le motif.*)

Fait à..., le... 18...

Réquisitoire

Pour l'extraction d'un individu arrêté.

Nous, commissaire de police (*ou maire*) de la ville de..., soussigné, requérons le... (*grade et lieu de la résidence*) de faire extraire de la maison d'arrêt de cette ville et faire conduire par-devant M. le Procureur de la République à..., le nommé G... Louis, âgé de... ans, natif de..., prévenu de...

Réquisitoire

Du ministère public pour faire fixer un dommage.

Nous, commissaire de police de la ville de..., remplissant les fonctions du ministère public près le tribunal de simple police de ce canton, requérons M. le juge-de-paix, président de ce tribunal, d'estimer ou faire estimer, conformément à l'art. 148 du code d'instruction criminelle, les dommages causés par la contravention que le sieur T... est prévenu d'avoir commise à l'art... du code pénal.

Mandat d'amener.

Nous, B... commissaire de police de la ville de..,

Vu l'art. 40 du code d'instruction criminelle, mandons et ordonnons à tous huissiers ou agents de la force publique, d'amener devant nous, en se conformant à la loi, le nommé D..., âgé de... ans, demeurant rue... n°..., inculpé de...; Requérons tous dépositaires de la force publique, de prêter main forte pour l'exécution du présent mandat, décerné à ... le...

Citation par simple avertissement.

Le commissaire de police soussigné, exerçant les fonctions du ministère public près le tribunal de simple police du canton de... avertit le sieur G...

de comparaître le... de ce mois à 10 heures du matin, en l'audience du tribunal de police, séant dans la maison commune de... pour répondre sur les faits de contravention à l'art... dont il est prévenu.

Fait à...le... 18

Citation

Par simple avertissement.

M..., demeurant... est invité à se présenter, le .. de ce mois, 10 heures du matin, en l'audience du tribunal de simple police, séant à..., pour répondre aux inculpations qui lui sont faites à raison de la contravention pour...

Faute de comparaître et de se faire représenter légalement, il sera cité conformément à la loi.

Le commissaire de police remplissant les fonctions du ministère public, (*Signature.*)

CITATION.

Devant le tribunal de police en cas d'urgence.

Nous, juge-de-paix, président du tribunal de simple police du canton de... ; vu l'art. 146 du code d'instruction criminelle ; attendu l'urgence, mandons et ordonnons à tous huissiers sur ce requis, de citer à la requête du ministère public près le tribunal, à comparaître aujourd'hui même, à... heures, en l'audience publique de ce tribunal :

1° Le sieur S..., profession de..., demeurant rue de..., n°...;

2° Le sieur R..., profession de..., demeurant rue de..., n°..., etc.

Fait à..., le... 18...

Assignation au prévenu.

L'an mil-huit cent... et le... à la requête de M. le commissaire de police de la ville de... remplissant les fonctions du ministère public près le tribunal de simple police, j'ai, B... huissier, cité le sieur M... en son domicile, parlant à..., ainsi déclaré, à comparaître le... heure de... à l'audience du tribunal de police, séant à la mairie de..., pour s'expliquer sur les faits contenus au procès-verbal, dressé le..., constatant que le susnommé a commis une contravention pour...

En conséquence, répondre aux conclusions qui seront prises à l'audience par le ministère public; lui déclarant que, faute de comparaître les jours, lieux et heures susdits, il sera contre lui donné défaut et passé outre au jugement avec dépens; et j'ai au sus-nommé, laissé copie du présent, dont le cout est de...

Cédule aux témoins.

L'an mil-huit cent... et le... à la requête de... (*le ministère public ou la partie civile*) lequel fait élection de domicile à...; j'ai P... huissier près le tribunal de...patenté, soussigné, cité le sieur L... en parlant à... ainsi déclaré, à comparaître le... heure de... à l'audience du tribunal de police du canton de... séant à... pour dire et déposer vérité sur les faits à sa connaissance, faisant l'objet d'un procès-verbal (*ou de la plainte*) dressé le... contre le nommé... et constatant...

Lui déclarant que, faute par lui de comparaître au jour et heure susdits, il encourra l'amende et les peines prononcées par la loi, et lui avons, en parlant comme dessus, laissé copie dont le cout est de...

Procuration

Pour comparaître devant le tribunal de police.

Je soussigné, Pierre V..., demeurant à..., donne pouvoir à M... de comparaître pour moi et en mon nom, devant le tribunal de police du canton de..., et de présenter toutes exceptions et défenses, nommer, s'il y a lieu, tous experts, assister à leurs opérations, et en un mot faire tout ce qui sera nécessaire.

A... le.. 18...

Procuration

Pour faire payer une somme dûe.

Je soussigné, déclare donner plein et entier pouvoir au sieur R..., que je constitue pour mon mandataire spécial, de pour moi et en mon nom recevoir des mains du sieur B... la somme de... qu'il me doit suivant acte passé par Me L..., notaire à..., et en cas de non paiement le poursuivre par toutes les voies de droit, promettant avoir le tout pour agréable et le ratifier au besoin.

Fait à... le... 18..

Conclusions du ministère public.

Attendu qu'il résulte du procès-verbal (*ou de la plainte*) et des débats, que le sieur G... a commis (*citer les faits*) constituant la contravention prévue et punie par les art...

Requérons qu'il soit condamné à l'amende de... à l'emprisonnement de... jours, et aux dépens.

Jugement contradictoire.

Pour le ministère public (*ou le sieur... partie civile*), d'une part; contre... (*prévenu*) d'autre part; En présence de (*partie civile ou ministère public*),

Le tribunal : oui... en leurs conclusions, réquisitions et moyens de défense, jugeant en premier (*ou dernier*) ressort :

Attendu que des circonstances de la cause et des dépositions des témoins (*ou du procès-verbal dressé le...*), il résulte que..., Attendu que ce fait constitue une contravention à l'arrêté du... prévue et punie par l'article... du code pénal ;

Vu ledit article portant... (*copier*) ;

Condamne... en l'amende de... (*à l'emprisonnement de...*) et aux frais vis-à-vis du domaine liquidés à ... (*et faisant droit aux conclusions de la partie civile*) : Attendu que du fait établi contre... il est résulté pour... un dommage dont réparation est due ; condamne... à payer à... la somme de... à titre de dommages-intérêts et aux dépens envers ... liquidés à... non compris le cout de l'enregistrement du présent ; et le tout par corps, conformément à la loi.

Déclaration de pourvoi en cassation.

L'an mil-huit cent...

Devant nous.. greffier du tribunal de simple police, est comparu le sieur..., commissaire de police remplissant les fonctions du ministère public près le tribunal de simple police du canton de..., lequel nous a déclaré qu'il se pourvoit en cassation contre le jugement rendu le... qui a relaxé le nommé... de et qu'il fonde son pourvoi sur ce que...

De laquelle déclaration nous avons dressé acte qu'il a signé avec nous.

Réquisitoire

Pour exécution d'un jugement de police.

Nous, commissaire de police, soussigné, exerçant les fonctions du ministère public près le tribunal de simple police du canton de..., en vertu du jugement de ce tribunal, en date du..., lequel condamne le nommé L..., âgé de... ans, demeurant à..., à un jour d'emprisonnement, requérons tous huissiers ou agents de la force publique, de conduire et écrouer ledit L..., dans la prison de cette ville.

Mandons et ordonnons au gardien de ladite prison de recevoir et garder le nommé L..., pendant le temps déterminé par le jugement ci-dessus énoncé.

Fait à ... le... 18...

Déclaration de pourvoi en Cassation.

L'an mil-huit cent... et le...,

Devant nous R..., greffier du tribunal de simple police, est comparu M. B..., commissaire de police, lequel nous a déclaré qu'il se pourvoit en cassation contre le jugement rendu le..., qui a relaxé le sieur P..., et qu'il fonde son pourvoi sur ce que..., de laquelle déclaration nous avons dressé acte qu'il a signé avec nous.

Sommations à faire pour dissiper les attroupements séditieux.

La première sommation doit être imprimée en ces termes : AVIS EST DONNÉ QUE LA LOI MARTIALE EST PROCLAMÉE ; QUE TOUS ATTROUPEMENTS SONT CRIMINELS ; ON VA FAIRE FEU ; QUE LES BONS CITOYENS SE RETIRENT.

A la deuxième et troisième sommation, il suffit de répéter : *on va faire feu* : *que les bons citoyens se retirent.* L'officier de police doit énoncer que c'est la première, ou la seconde, ou la troisième.

Si l'usage rigoureux de la force devient nécessaire par suite du progrès d'une émeute, on doit prononcer à haute voix ces mots : OBÉISSANCE A LA LOI : ON VA FAIRE USAGE DE LA FORCE ; QUE LES BONS CITOYENS SE RETIRENT.

Le tambour doit battre un ban avant chaque sommation.

CAPTURES.

FRAIS DE JUSTICE CRIMINELLE.	Villes au-dessous de 40,000 âmes.	Villes au-dessus de 40,000 âmes.	Ville de Paris.
Prime pour exécution d'un jugement pour délits forestiers, ou en vertu d'une contrainte par corps pour paiement d'une amende, que le délinquant soit solvable ou non	3 f.	4 f.	5 f.
Prime pour exécution d'un jugement de police simple ou correctionnelle n'excédant pas cinq jours de prison	3	4	5
Prime pour exécution d'un mandat d'arrêt, d'un jugement ou arrêt en matière correctionnelle emportant peine d'emprisonnement au-dessus de cinq jours	12	15	18
Prime pour exécution d'une ordonnance de prise de corps ou d'arrêt portant la peine de réclusion	15	18	21
Prime pour exécution d'un arrêt de condamnation aux travaux forcés ou à une peine plus forte	20	25	30
Prime pour la reprise d'un condamné aux travaux forcés ou à la détention, évadé d'une prison, savoir : S'il est repris hors des murs de la ville où il était détenu	100 fr.		
S'il est repris dans la ville	50 »		

FRAIS DE JUSTICE CRIMINELLE.

Mois de Juillet
de l'année 18
B... François, agent de police.

MODÈLE No 19, ARTICLE 77
du règlement du 18 juin 1811.

Mémoire des frais de captures dus en vertu de l'article 77 du règlement du 18 juin 1811 à B... François, agent de police à la résidence de Bordeaux, département de la Gironde.

No. d'ordre.	DATE de la capture.	NATURE du délit	AUTORITÉ QUI A requis la capture	DÉSIGNATION DE L'ACTE EN VERTU DUQUEL LA CAPTURE A EU LIEU.	Prix de la capture.
1	29 Juillet	Pour bruit et tapage injurieux.	Le commissaire de police remplissant les fonctions du ministère public	En vertu d'un extrait de jugement délivré contre le nommé Coudere, François, condamné à deux jours d'emprisonnement et aux frais..........	4 fr.
				Total........	**4 f.**

Je soussigné B... François, agent de police, certifie véritable le présent mémoire.

Fait à le 18 (*Signature de l'agent*)

Nous...., Auguste, commissaire de police remplissant les fonctions du ministère public, près le tribunal de simple police de la ville de Bordeaux ; vu les articles 77 du règlement du 13 juin 1811 ; 6 du décret du 7 avril 1813; 1er de l'ordonnance royale du 6 août 1823 ; et attendu que les captures ont été faites hors de la présence des huissiers, requérons conformément à l'art. 140 du règlement précité, qu'il soit délivré exécutoire par M. le juge-de-paix de la première section du canton de Bordeaux, en sa qualité de président du tribunal de simple police, pendant le deuxième trimestre de l'an 1850, sur la caisse de l'administration de l'enregistrement, pour le paiement de la somme de *quatre francs*.

Bordeaux, le... 1850

Nous, Jean Pierre C..., juge-de-paix de la première section du canton de Bordeaux, en exercice de trimestre près le tribunal de simple police, vu le réquisitoire ci-dessus, avons arrêté et rendu exécutoire le présent mémoire, pour la somme de *quatre francs*, montant de la taxe que nous avons faite, et ordonnons que ladite somme sera payée au sieur B... François, par le receveur de l'enregistrement au bureau de Bordeaux.

Bordeaux, le... 1850

INDEMNITÉS ALLOUÉES

Par le décret du 11 juin 1811 aux témoins cités à la requête des tribunaux civils.

Il est accordé par jour à chaque témoin du sexe masculin qui aura été détourné de son travail ou de ses affaires : dans la ville Paris, 2 fr.; dans les villes de 40,000 habitants et au-dessus, 1 fr. 50; dans les villes et communes au-dessous de 40,000 habitants, 1 franc.

Il est accordé à chaque témoin du sexe féminin, admis à déposer, et aux enfants de l'un et l'autre sexe au-dessous de quinze ans, entendus par forme de déclaration : dans la ville de Paris, 1 fr. 25; dans les villes de 40,000 habitants et au-dessus, 1 fr; dans les villes et communes au-dessous de 40,000 habitants 1 franc.

Il est accordé à chaque témoin éloigné du lieu où il est appelé de moins d'un myriamètre (*deux lieues*) un franc sous le titre de taxe de comparution, et s'il se transporte à plus d'un myriamètre de sa résidence, il reçoit un franc par myriamètre (*deux lieues*) parcouru en allant, et autant pour le retour, quand il ne sort pas de son arrondissement, et 1 fr. 50, quand il est appelé hors dudit arrondissement.

TABLE
DES MATIÈRES.

Pages.

FIN DE LA TABLE.

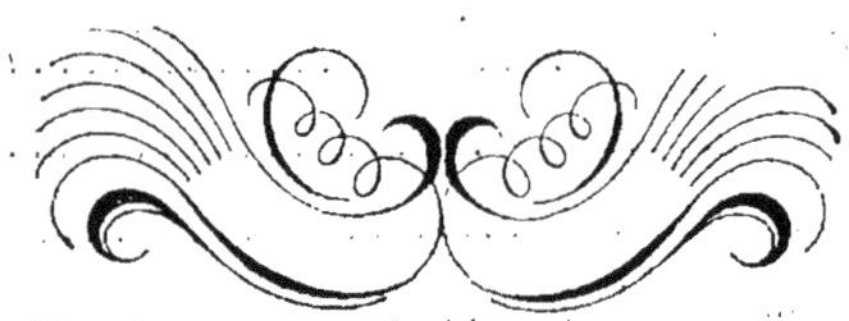

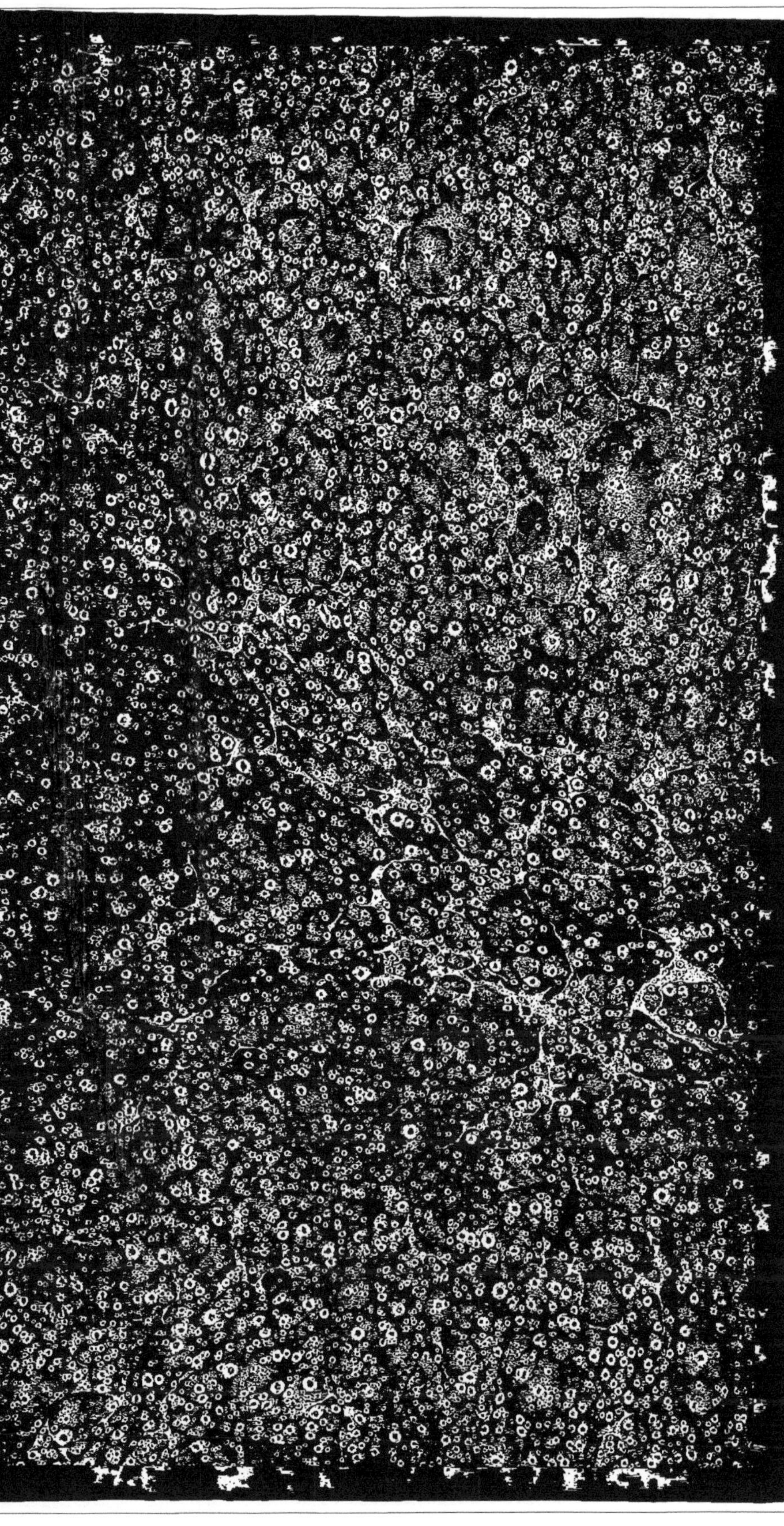

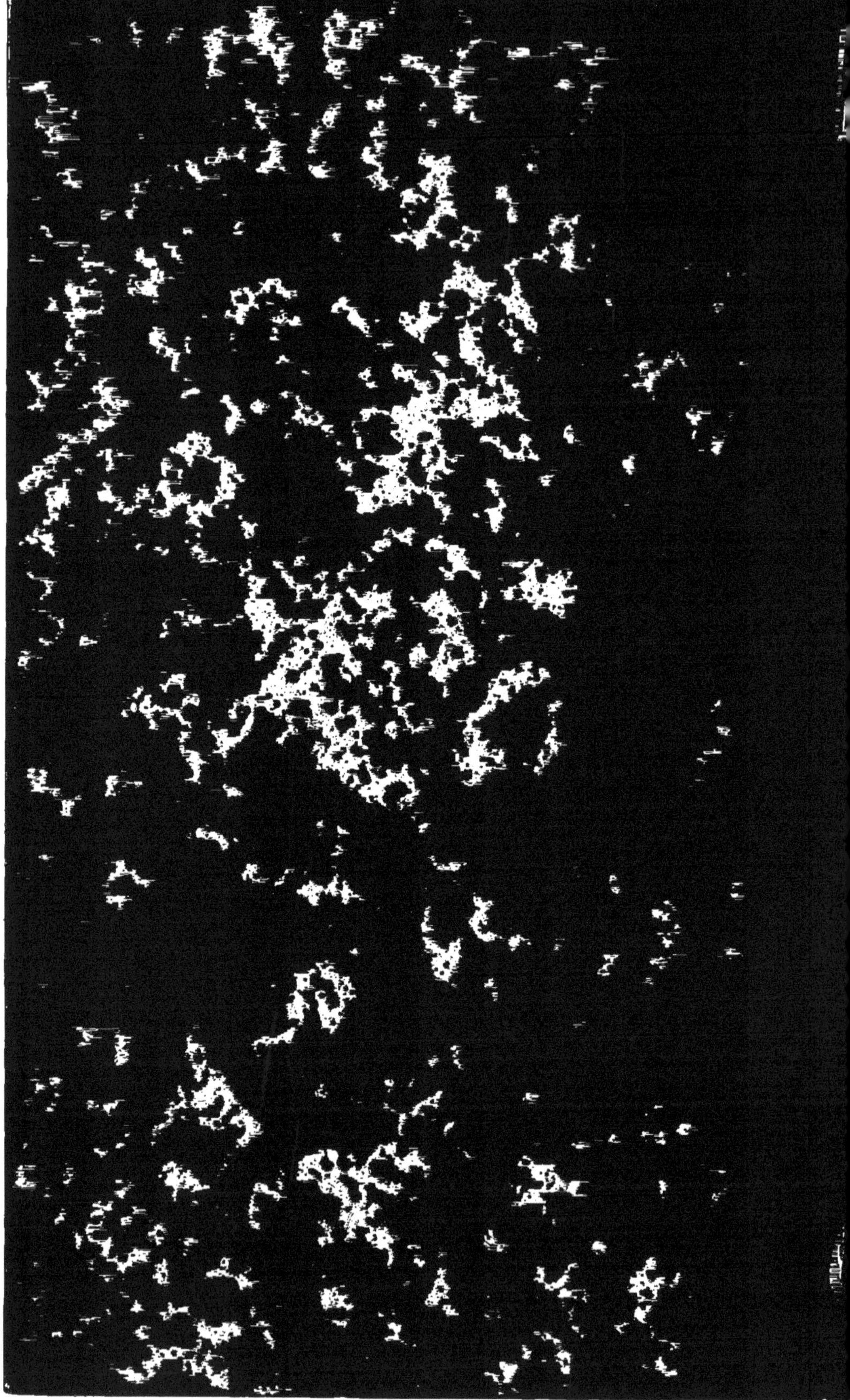

www.ingramcontent.com/pod-product-compliance
Ingram Content Group UK Ltd.
Pitfield, Milton Keynes, MK11 3LW, UK
UKHW020455200726
13857UKWH00002B/719

9 782011 930781